Edizioni R.E.I.

Tutti i nostri ebook possono essere letti sui seguenti dispositivi: computer, eReader, IOS, android, blackberry, windows, tablet, cellulari.

French Academy

Il sistema dei sette Chakra

(Volume 4)

Anahata - Il Quarto Chakra

ISBN 978-2-37297-2727

Pubblicazione digitale (eBook): 13 marzo 2016
Stampa: 13 marzo 2016
Nuova edizione aggiornata: 21 dicembre 2016
Edizioni R.E.I.
www.edizionirei.webnode.com
edizionirei@outlook.com

French Academy

Anahata
Il Quarto Chakra

Edizioni R.E.I.

Indice

Il sistema dei Chakra 9

Anahata - Quarto Chakra 13

Agni 21

Come attivare il 4° chakra 23

Colore del quarto chakra 24

Oli essenziali associati al quarto chakra 36

   Cipresso 37

   Rosa 40

   Melissa 43

   Neroli 46

   Verbena 50

   Pino 53

   Geranio 55

   Lavanda 58

   Vaniglia 61

Mirto 64

Fiori Himalaya associati al quarto chakra 67

Ecstasy 69

Fiori Californiani associati al quarto chakra 71

Bleeding Hearth 73

Borage 75

Oregon Grape 77

Trillium 78

Fiori Australiani associati al quarto chakra 80

Illawara Flame Tree 82

Fiori di Bach associati al quarto chakra 84

Agrimony 86

Centaury 88

Holly 91

Walnut 93

Numero del quarto chakra 94

Esercizi fisici 97

Pietre consigliate per il 4° Chakra 99

    Amazzonite 100

    Avventurina 102

    Quarzo rosa 104

    Smeraldo 106

    Malachite 109

    Tormalina verde 110

    Unakite 111

    Kunzite 113

Il sistema dei Chakra

Con la parola Chakra, che deriva dal sanscrito e significa "ruota", si vogliono indicare i sette centri di base di energia nel corpo umano. I chakra sono centri di energia psichica sottile situati lungo la colonna vertebrale. Ciascuno di questi centri è connesso, a livello di energie sottili, ai gangli principali dei nervi che si ramificano dalla colonna vertebrale. In più i chakra sono correlati ai livelli della coscienza, agli elementi archetipici, alle fasi inerenti lo sviluppo della vita, ai colori, che sono strettamente legati ai Chakra, perché si trovano all'esterno del nostro corpo, ma all'interno dell'aura, vale a dire il campo elettromagnetico che avvolge ciascuna persona, ai suoni, alle funzioni del corpo e a molto, molto altro. La dottrina orientale che ne ha diffuso la conoscenza nel mondo occidentale considera i Chakra come aperture, porte di accesso all'essenza del corpo umano.
I chakra sono solitamente rappresentati dentro a un fiore di loto, con un numero variabile di petali aperti. I petali aperti rappresentano il chakra nella sua piena apertura. Su ogni petalo è scritta una delle cinquanta lettere dell'alfabeto sanscrito, le quali, sono considerate lettere sacre, quindi espressione divina. Ciascuna di esse esprime, inoltre, una diversa attività dell'essere umano, un suo diverso stato, sia manifesto, sia ancora potenziale. Ogni chakra risuona su una frequenza diversa che corrisponde ai colori dell'arcobaleno.
I sette Chakra principali corrispondono inoltre alle sette ghiandole principali del nostro sistema

endocrino. La loro funzione principale è quella di assorbire l'Energia Universale, metabolizzarla, scomporla e convogliarla lungo i canali energetici fino al sistema nervoso, alimentare le aure e rilasciare energia all'esterno. Quasi tutti li vedono come degli imbuti, che roteano e contemporaneamente fanno scorrere l'energia avanti e indietro. Ciascuno dei sette centri ha sia una componente (solitamente dominante) anteriore che una componente (solitamente meno dominante) posteriore, che sono collegati intimamente, fatta però eccezione per il primo e il settimo, che invece sono singoli. dal Secondo al quinto, l'aspetto anteriore si relaziona con i sentimenti e con le emozioni, mentre quello posteriore con la volontà. Per quanto riguarda il sesto anteriore e posteriore, e il settimo, la correlazione è con la mente e la ragione. Il primo e il settimo. hanno inoltre l'importantissima funzione di collegamento per l'essere umano: essendo i Chakra più esterni del canale energetico, essi hanno la caratteristica di porre in relazione l'uomo con l'Universo da un lato e con la Terra dall'altro. Il perfetto funzionamento del sistema energetico è sinonimo di buona salute. Per aprire i Chakra esistono molte tecniche diverse, tra le quali il Reiki si evidenzia per la sua peculiare dolcezza e per la possibilità di armonizzare eventuali scompensi energetici. Ogni centro sovraintende a determinati organi, e ha particolari funzioni a livello emotivo, psichico e spirituale. Tra i sette fondamentali, esistono delle precise affinità.

- Primo con Settimo: Energia di base con Energia spirituale.
- Secondo con Sesto: Energia del sentire a livello materiale con Energia del sentire a livello extrasensoriale.
- Terzo con Quinto: Energia della mente operativa e del potere personale con Energia della mente superiore e della comunicazione.
- Quarto: ponte tra i tre superiori ed i tre inferiori e fucina alchemica della trasformazione.

A ogni Chakra è associato un colore, che corrisponde e deriva dalla frequenza e dalla vibrazione del centro stesso. Inoltre a ogni Chakra corrisponde un mantra, il suono di una nota musicale e, in alcuni casi, anche un elemento naturale, un pianeta o un segno zodiacale. Poiché il sistema dei chakra è il centro d'elaborazione principale per ogni funzione del nostro essere, il bloccaggio o una insufficienza energetica nei chakra provoca solitamente disordini nel corpo, nella mente o nello spirito. Un difetto nel flusso di energia che attraversa il dato chakra provocherà un difetto nell'energia fornita alle parti connesse del corpo fisico, così come interesserà tutti i livelli dell'essere. Ciò perché un campo di energia è un'entità Olistica; ogni parte di esso interessa ogni altra parte. Gli oli essenziali sono in grado di sintonizzarsi con i chakra specifici: il loro profumo e la loro vibrazione ci mettono dolcemente in contatto profondo con i nostri centri energetici.

Il massaggio con specifici oli essenziali sui punti corrispondenti ai chakra, attiva ed equilibra la loro azione, armonizzando e rinforzando l'intero organismo.
Partendo dal basso sono:
- 1° = Muladhara
- 2° = Swadhisthana
- 3° = Manipura
- 4° = Anahata
- 5° = Vhishuddhi
- 6° = Ajna
- 7° = Sahasrara

Ciascuno dei sette chakra, inoltre, viene a rappresentare un'area importante della salute psichica umana, che possiamo brevemente riassumere come:
- 1 sopravvivenza
- 2 sessualità
- 3 forza
- 4 amore
- 5 comunicazione
- 6 intuizione
- 7 cognizione.

Metaforicamente i chakra sono in relazione ai seguenti elementi archetipici:
- 1 terra
- 2 acqua
- 3 fuoco
- 4 aria
- 5 suono
- 6 luce
- 7 pensiero.

Anahata - Quarto Chakra

Il quarto chakra è anche detto chakra del cuore, centro del cuore. Ha come simbolo il loto verde a dodici petali su cui spiccano le dodici letetre in sanscrito k, kh, g, gh, n (gutturale), c, ch, j, jh, n (palatale), t, th (linguali), e si colloca nella regione tra il cuore e i due capezzoli. Ha come simbolo geometrico il doppio triangolo incrociato (stella a sei punte). Questo chakra è situato al livello del plesso cardiaco, dietro lo sterno, nell'asse del midollo spinale ed è il centro dell'intero sistema dei Chakra. Per la sua posizione, ma anche per la sua funzione, è il Chakra attorno a cui "ruotano" tutte le funzioni fisiche ed energetiche dell'uomo, costituisce il punto di transizione e di collegamento fra i tre Chakra inferiori e i tre superiori. Tutti gli altri Chakra dipendono dunque da questo, poiché il cuore è considerato la sede dello spirito e il centro da cui nascono tutte le emozioni umane, in particolare l'amore. Nel Chakra del Cuore risiede la scintilla divina che c'è dentro ognuno di noi, qui si trova la nostra natura illuminata, il nostro Sé Superiore. Questo Chakra è considerato la porta d'accesso dell'anima, qui hanno origine sentimenti come l'amore incondizionato, la gioia, la pace interiore, la compassione, ma anche il dolore e la sofferenza emotiva. Ogni forma d'amore ha origine qui, sia che si tratti dell'amore nei confronti di un'altra persona che dell'amore incondizionato che ci lega all'universo. In esso, fino all'età di 12 anni, sarebbero prodotti gli anticorpi, inviati nel "sistema sottile" (un concetto della filosofia indiana la cui esistenza non ha però riscontro scientifico) contro gli attacchi esterni a corpo e psiche.

Si sviluppa durante l'adolescenza, dai 12/13 anni all'inizio della giovinezza, verso i 20/25 anni.
Lo sviluppo non corretto o il blocco del chakra del cuore causerebbero sentimenti d'insicurezza.
Tale chakra viene associato a una personalità sana e dinamica, piena di amore e compassione e all'amore per la famiglia. Si chiuderebbe in caso di conflitti in famiglia, abbandono, perdita di un caro.
Tale chiusura si ripercuoterebbe col tempo su cuore e polmoni e causerebbe polmoniti, asma, malattie cardiache. Le patologie connesse al suo

squilibrio sono asma, ipertensione arteriosa, patologie cardiache, patologie polmonari.

Nel caso di funzionamento disarmonico, sul piano fisico si potranno avere sintomi a livello del torace, quali senso di costrizione, dispnea, aritmie, tachicardia, palpitazioni, asma e via dicendo, senza peraltro avere riscontri oggettivi dalle indagini cliniche. Dal punto di vista psichico ed emozionale, si tende ad amare gli altri solo in funzione dei riconoscimenti e della gratitudine che questi possono dare in cambio. Qualora invece il Chakra fosse ipofunzionante, a livello fisico si evidenzierà un cattivo funzionamento del diaframma, con problemi respiratori e cardiaci, mentre dal punto di vista psichico ed emozionale si tenderà a esprimere sentimenti d'odio e rancore, oppure di freddezza, indifferenza o insensibilità.

E' per mezzo dell'attività armonica di questo Chakra che le persone sono in grado di entrare in simpatia con tutto ciò che esiste e di coglierne la bellezza e l'armonia. Infatti, la funzione di questo centro energetico è quella della capacità di esprimere amore puro e incondizionato. Il quarto Chakra è il centro che consente lo sviluppo e l'utilizzo della capacità di trasformazione e guarigione di sé e degli altri. Il quarto è il chakra di mezzo, il ponte che trasforma e rende compatibili le energie dei primi tre chakra, facendole salire verso l'alto, e dei tre ultimi, facendole scendere verso il basso. Permette di amare in senso totale e senza condizioni, tutto e tutti. Quando il quarto chakra è aperto e vitale rende possibile relazionarsi con la realtà, vedendone l'interezza e accettandone sia la bellezza che gli aspetti negativi, mettendo la persona in grado di dare amore senza bisogno di attendersi niente in cambio. Nella sua visione posteriore rappresenta la volontà del proprio io nei confronti del mondo esterno, unita alla volontà divina. Favorisce una visione armonica di ciò che circonda la persona e la mette in grado di avere atteggiamenti positivi riguardo alle proprie azioni, vivendo gli altri come sostegno a quanto si sta compiendo. E' anche il chakra attraverso cui passa tutta l'energia che si desidera donare agli altri. Solo se il quarto chakra è aperto e vitale, è possibile dare energia di guarigione. Quando è chiuso o non armonico, difficilmente la persona è in grado di amare e vivere gli altri, Dio o il Destino come li si vogliono chiamare, in antitesi con se stessi, come ostacoli alla propria realizzazione. E allora si rischia di diventare aggressivi e, anziché cercare l'aiuto degli altri, ci si pone nella classica condizione di "io contro tutti", ripiombando istantaneamente nell'energia disarmonica del terzo chakra. Solo se si entrerà consapevolmente nell'energia del quarto chakra, portando e vivendo amore e compassione, si potrà dare pieno significato alla propria esistenza. L'apertura del quarto chakra risulta quindi indispensabile per il terapista: solo lavorando con il cuore egli si potrà, infatti, porre nella totale disponibilità nei confronti degli altri e in totale condivisione, pur mantenendo il necessario distacco. Questo chakra sarebbe associato anche alla ghiandola del timo. Il timo è un piccolo organo linfoide situato sotto lo sterno che cresce rapidamente dal momento della nascita fino ai due anni di età, poi va incontro a una progressiva atrofia e la sua attività viene svolta dal sistema immunitario. Secerne sostanze simili agli ormoni che aumentano la quantità di globuli bianchi. In particolare partecipa al processo di maturazione dei linfociti T. La posizione del timo, vicino al cuore e la funzione immunitaria sono elementi che significano un ruolo di difesa, la creazione di una barriera che se si rafforza oltre un certo limite può impedire all'amore di entrare nel cuore. Mancando il timo, la capacità immunitaria non si sviluppa e pertanto manca la possibilità organica di distinguere il sé da ciò che è altro da sé, l'aggredito dall'aggressore. Manca la possibilità di equilibrare i contrari, di difendere la propria individualità. Il timo, in questo senso, garantisce l'instaurarsi del mantenimento di un armonioso equilibrio tra interno ed esterno, costituendo così il centro dell'esistenza dell'individuo, la sua possibilità di riconoscersi. L'elemento correlato è l'aria rappresentata dallo yantra grigio fumo costituito da due triangoli che si intersecano formando una stella a sei punte, simbolo centrale d'equilibrio. L'organo di senso rapportato all'anahata è la pelle, sede del tatto, mentre l'organo di azione sono i genitali per lo Shritattvacintamani, le mani e la facoltà di prendere per alcuni maestri yoga contemporanei.

La caratteristica principale di questo chakra è la mobilità, per cui la concentrazione operata sull'anahata fa muovere ciò che si desidera.

Il bijamantra «yam», cioè la lettera «ya» nasalizzata, è quello del dio Pavana, signore del vento, rappresentato come una divinità dal colore grigio fumo, con quattro braccia, il pungolo in una mano, seduto su un'antilope nera.

Il cuore distribuisce a tutto l'organismo, attraverso il sistema circolatorio, il sangue che contiene l'ossigeno fissato nei polmoni durante l'ispirazione. E' qui, come un sole che diffonde la sua energia, un fuoco che, invece di bruciare, irraggia il suo calore, scaldando e diffondendo la vita. L'ossigeno è tra l'altro, da un punto di vista alchimistico, un elemento solare: il fuoco può bruciare solo in presenza di ossigeno. Al cuore ritorna l'anidride carbonica che verrà immessa nell'ambiente durante l'espirazione. È così un ciclo completo, scandito dal ripetersi ritmico delle sistoli, forza centrifuga che invia il sangue al corpo, e delle diastoli, forza centripeta che riporta il sangue al cuore. Due fasi complementari, attiva e passiva, nascita (la sistole) e morte (la diastole), che si ripetono in continuazione, ciclo dopo ciclo, e devono essere in perfetto equilibrio perché l'individuo esista. Il sistema cardiaco è completamente involontario. L'innervazione del cuore, così come quella dei polmoni (plessi polmonare e cardiaco), proviene, per quanto riguarda l'ortosimpatico, dalla fascia compresa tra la terza vertebra cervicale e la quinta dorsale, coinvolgendo il primo, secondo e terzo ganglio cervicale e i primi gangli toracici; per quanto riguarda il parasimpatico, dal nervo vago che proviene dal tronco encefalico. Il sistema ortosimpatico aumenta la frequenza del battito cardiaco e la forza di contrazione mentre, per contro, il parasimpatico ha una funzione di decelerazione del battito. Può sembrare strana la posizione così alta della zona di provenienza di questi nervi ma, ancora una volta, basta risalire allo sviluppo embriologico per spiegare questa apparente sfasatura. Infatti, nelle primissime fasi di sviluppo embrionale, durante il processo della gastrulazione, una parte del mesoderma migra fino al davanti della membrana faringea e si unisce con la parte omologa del lato opposto (tubo cardiaco) formando l'abbozzo cardiaco, che solo successivamente si collocherà in posizione più ventrale (con la delimitazione del corpo dell'embrione al 22°gg). Ma l'innervazione resterà legata ai metameri cervicali del suo iniziale sviluppo. Tali metameri sono legati anche allo sviluppo delle braccia. Questo collegamento spiega perché si possono avere dolori legati al braccio in patologie di origine cardiaca (ad esempio, angina e infarto). I polmoni, analogamente all'apparato digerente, mettono in comunicazione l'interno con l'esterno, sono un tramite tra l'individuo e il cosmo, ma per un'energia più sottile di quella alimentare, più pura. D'altronde, in stadi più antichi della filogenesi, la funzione respiratoria e quella digerente erano indifferenziate: elementi «pesanti» ed elementi «sottili» entravano insieme nell'organismo. Ancora oggi le specie filogeneticamente più primitive (pesci) mantengono un unico condotto utilizzato sia per l'alimentazione che per la respirazione (estroflessione nelle pareti laterali del canale digerente), mentre negli altri animali e nell'uomo si sviluppa una separazione tra le due funzioni: dalla faringe si differenzia un «sacchetto» che diventerà il polmone che, quindi, è di derivazione comune con il digerente.In questo caso si sta

evolvendo una possibilità di estrarre una materia più sottile, di separare il leggero dal pesante.
Il polmone, infatti, capta il prana del cosmo e lo «fa» individuo, mette in comunicazione il «sole» esterno (ossigeno) con il «sole» interno (cuore).
E' anche l'apparato respiratorio scandisce un ciclo completo attraverso ogni inspirazione ed espirazione che, a loro volta, sono forza centripeta e forza centrifuga, nascita e morte, passività e attività, riuniti in un ritmo di perfetto equilibrio.
Ma, a differenza dell'attività cardiaca, quella respiratoria è anche volontaria, cioè può essere diretta, modificata, guidata dalla coscienza. Proprio a questo filo (la possibilità di controllo volontario) si attacca lo yogin per controllare, attraverso la respirazione, l'intero organismo con le sue funzioni di per sé lontane dal dominio della coscienza. C'è, quindi, in questa ruota anche l'equilibrio della dualità conscio-inconscio, come previsto dal ciclo espresso dal numero 12.
Anche negli organi dell'anahata chakra ritroviamo, perciò, cicli caratterizzati da complementarità di ritmi e di funzioni che, nel loro equilibrio, definiscono l'individualità dell'uomo.

Agni

Presso la religione induista, Agni è il dio del fuoco, figlio del cielo e della terra (rispettivamente Dyaus e Prthivi), è una divinità vedica che rappresenta le forze della luce; è inoltre un invincibile guerriero ed è il signore del luogo della cremazione e del fuoco della foresta; suo è il "calore" generato nelle pratiche yoga. La sua principale manifestazione è "il fuoco che brucia sull'altare dei sacrifici"; brucia i demoni che minacciano di distruggere tali sacrifici ed è un mediatore tra gli dei e gli umani da cui i sacerdoti comprendono molto sulla vita dell'aldilà. In questa divinità persiste anche la concezione di "fuoco universale" che nell'uomo si individua nel calore della digestione; infatti, secondo l'Ayurveda, Agni è il fuoco vitale, che anima tutti i processi biologici, e rappresenta il metabolismo digestivo.
Agni si può manifestare sotto tre forme:
- Davagni
- Vadavagni
- Jatharagni (o Vrika).

Ad Agni è legato il numero 7; difatti, 7 sono le madri, le sorelle e i raggi da cui è circondato; egli ha i tratti di divinità acquatica e, infatti, è chiamato "colui che si veste del mare" e "colui che vivifica il seme nell'acqua".
È raffigurato in forma di uomo rosso con due teste, quattro braccia e tre gambe, occhi scuri e fiamme che gli fuoriescono dalla bocca, sempre a cavallo

di un ariete; infatti, da Agni deriva il segno zodiacale dell'Ariete, che è appunto un segno di fuoco. Nelle mani sorregge gli strumenti per ravvivare il fuoco e il cucchiaio dei sacrifici.

Secondo altre rappresentazioni, il suo aspetto è caratterizzato da sette lingue e capelli di fuoco oppure da un corpo dorato, denti possenti, mille corna e mille occhi.

Come attivare il 4° chakra

- Apritevi alla bellezza della natura, immergetevi soprattutto in paesaggi verdi, come boschi o prati rigogliosi.
- Trattatevi bene, fate regolarmente dei massaggi o seguite una cura ayurvedica.
- Indossate capi di abbigliamento di colore verde o arredate la casa con questo colore, inoltre collocate molte piante in vari angoli della casa.
- Curate le vostre relazioni con il partner, la famiglia e gli amici. Rendetele solide e affettuose.
- Abbiate anche verso i vostri animali domestici e le vostre piante un atteggiamento spontaneamente affettuoso.
- Ascoltate musica solare e gioiosa, come Mozart, Bach, Haydn.
- La vocale "A" stimola questo chakra. Sedetevi, rilassatevi, inspirate e fate vibrare la "A" espirando. Ripetere l'esercizio per 5 minuti.
- Apprendete lo shiatsu o il Reiki.
- Oli essenziali: rosa, gelsomino, vaniglia e dragoncello stimolano il chakra del cuore.
- Pietre preziose: scegliere istintivamente una di queste pietre, smeraldo, topazio, crisoprasio, tormalina verde, malachite, spinello verde, giada.

Colore del quarto chakra

Il verde è il colore del 4° chakra.
Il verde nella cromoterapia riveste un ruolo fondamentale, in quanto il verde è armonia. È il colore della natura e dell'equilibrio tra le forze in campo. È il colore della spinta verso il benessere, verso i verdi campi, verso la calma e il ristoro. Questo è dato anche dal fatto che il verde rappresenta un colore neutro rispetto al fulcro dello spettro solare, quindi è il colore idoneo per l'equilibrio. Verde è dunque il colore con cui dipingere calma e serenità. È forse questo il motivo per cui la cultura indiana utilizza questo colore per la terra, associandolo alle vibrazioni positive dei nostri pensieri e dei nostri sensi. Sì, perché il verde non riscalda, né raffredda, non è né acido tantomeno alcalino. Il verde è il colore della natura, è simbolo di rinnovamento, di equilibrio, di speranza, di sviluppo e di fertilità. E' il colore terapeutico per antonomasia. Energia di tipo "neutro", né caldo né freddo ha potenti proprietà riequilibranti. Nello spettro luminoso il verde si colloca al centro tra i colori freddi e quelli caldi: ne rappresenta la sintesi e svolge quindi una funzione di equilibrio.

- Dal punto di vista fisiologico promuove il benessere generale dell'organismo, ne aumenta la vitalità e ripristina l'equilibrio delle sue funzioni.

- Viene usato per la cura dello stress, dell'ansia, dell'iperattività, della cefalea e di alcune forme di insonnia.
- E' efficace, anche, nelle bulimie e in tutte le forme psicosomatiche che influenzano l'apparato gastroenterico (ulcera gastroduodenale).
- E' inoltre un potente germicida e antibatterico.
- Influisce positivamente sull' asma, la tosse, l'infiammazione delle articolazioni, le ustioni, le malattie dei bronchi e simili.
- Disintossica e decongestiona l'organismo.

È il colore della concentrazione e garantisce un controllo preciso, un'analisi esatta, una logica coerente, una buona capacità di registrare e di ricordare. Il desiderio di verdi prati e di alberi che si prova dopo un periodo trascorso fra i ciottoli grigi e i mattoni rossi delle città rappresenta l'istintivo anelito verso il colore tonicizzante della natura, che dà calma e ristoro; il verde è il colore neutro rispetto al fulcro dello spettro solare, il punto equilibrante.

- Chi predilige il colore verde tende ad auto esaltarsi dando, spesso, la sensazione di sentirsi superiore al prossimo. Inoltre, chi ama il colore verde, è caratterizzato dal continuo desiderio di fare bella figura e impressionare; non accetta cambiamenti nei suoi modi di agire dato che, sentendosi il migliore, l'adattamento agli altri lo svilirebbe nella sua alta considerazione di

sé. Conservatore e abitudinario, chi sceglie il verde si sente spesso insicuro dando prova di fragilità nei confronti di se stesso.
- Chi rifiuta il verde è costantemente soffocato dalla morsa degli obblighi e si sente costretto a compiere azioni e fare ciò che non vuole. Spesso si sente frustrato perché crede di non essere all'altezza delle sue grandi aspettative.

Lo sviluppo non corretto o il blocco del chakra del cuore causerebbero sentimenti d'insicurezza. Tale chakra viene associato a una personalità sana e dinamica, piena di amore e compassione e all'amore per la famiglia. Si chiuderebbe in caso di conflitti in famiglia, abbandono, perdita di un caro. Tale chiusura si ripercuoterebbe col tempo su cuore e polmoni e causerebbe polmoniti, asma, malattie cardiache. Le patologie connesse al suo squilibrio sono asma, ipertensione arteriosa, patologie cardiache, patologie polmonari. Nel caso di funzionamento disarmonico, sul piano fisico si potranno avere sintomi a livello del torace, quali senso di costrizione, dispnea, aritmie, tachicardia, palpitazioni, asma e via dicendo, senza peraltro avere riscontri oggettivi dalle indagini cliniche. Dal punto di vista psichico ed emozionale, si tende ad amare gli altri solo in funzione dei riconoscimenti e della gratitudine che questi possono dare in cambio. Qualora invece il Chakra fosse ipofunzionante, a livello fisico si evidenzierà un cattivo funzionamento del diaframma, con problemi respiratori e cardiaci, mentre dal punto di vista psichico ed emozionale si tenderà a esprimere sentimenti d'odio e rancore, oppure di freddezza, indifferenza o insensibilità. E' per mezzo dell'attività armonica di questo Chakra che le persone sono in grado di entrare in simpatia con tutto ciò che esiste e di coglierne la bellezza e l'armonia. Infatti, la funzione di questo centro energetico è quella della capacità di esprimere amore puro e incondizionato. Il quarto Chakra è il centro che consente lo sviluppo e l'utilizzo della capacità di trasformazione e guarigione di sé e degli altri. Il quarto è il chakra di mezzo, il ponte che trasforma e rende compatibili le energie dei primi tre chakra, facendole salire verso l'alto, e dei tre ultimi, facendole scendere verso il basso. Permette di amare in senso totale e senza condizioni, tutto e tutti. Quando il quarto chakra è aperto e vitale rende possibile relazionarsi con la realtà, vedendone l'interezza e accettandone sia la bellezza che gli aspetti negativi, mettendo la persona in grado di dare amore senza bisogno di attendersi niente in cambio. Nella sua visione posteriore rappresenta la volontà del proprio io nei confronti del mondo esterno, unita alla volontà divina. Favorisce una visione armonica di ciò che circonda la persona e la mette in grado di avere atteggiamenti positivi riguardo alle proprie azioni, vivendo gli altri come sostegno a quanto si sta compiendo. E' anche il chakra attraverso cui passa tutta l'energia che si desidera donare agli altri. Solo se il quarto chakra è aperto e vitale, è possibile dare energia di guarigione. Quando è chiuso o non armonico, difficilmente la persona è in grado di amare e vivere gli altri, Dio o il Destino come li si vogliono chiamare, in antitesi con se stessi, come ostacoli alla propria realizzazione. E allora si rischia di diventare aggressivi e, anziché cercare l'aiuto degli altri, ci si pone nella classica condizione di "io contro tutti", ripiombando istantaneamente nell'energia disarmonica del terzo chakra. Solo se si entrerà consapevolmente nell'energia del quarto chakra, portando e vivendo amore e compassione, si potrà dare pieno significato alla propria esistenza. L'apertura del quarto chakra risulta quindi indispensabile per il terapista: solo lavorando con il cuore egli si potrà, infatti, porre nella totale disponibilità nei confronti degli altri e in totale condivisione, pur mantenendo il necessario distacco. Questo chakra sarebbe associato anche alla ghiandola del timo. Il timo è un piccolo organo linfoide situato sotto lo sterno che cresce rapidamente dal momento della nascita fino ai due anni di età, poi va incontro a una progressiva atrofia e la sua attività viene svolta dal sistema immunitario. Secerne sostanze simili agli ormoni che aumentano la quantità di globuli bianchi. In particolare partecipa al processo di maturazione dei linfociti T. La posizione del timo, vicino al cuore e la funzione immunitaria sono elementi che significano un ruolo di difesa, la creazione di una barriera che se si rafforza oltre un certo limite può impedire all'amore di entrare nel cuore. Mancando il timo, la capacità immunitaria non si sviluppa e pertanto manca la possibilità organica di distinguere il sé da ciò che è altro da sé, l'aggredito dall'aggressore. Manca la possibilità di equilibrare i contrari, di difendere la propria individualità. Il timo, in questo senso, garantisce l'instaurarsi del mantenimento di un armonioso equilibrio tra interno ed esterno, costituendo così il centro dell'esistenza dell'individuo, la sua possibilità di riconoscersi. L'elemento correlato è l'aria rappresentata dallo yantra grigio fumo costituito da due triangoli che si intersecano formando una stella a sei punte, simbolo centrale d'equilibrio. L'organo di senso rapportato all'anahata è la pelle, sede del tatto, mentre l'organo di azione sono i genitali per lo Shritattvacintamani, le mani e la facoltà di prendere per alcuni maestri yoga contemporanei. La caratteristica principale di questo chakra è la mobilità, per cui la concentrazione operata sull'anahata fa muovere ciò che si desidera. Il bijamantra «yam», cioè la lettera «ya» nasalizzata, è quello del dio Pavana, signore del vento, rappresentato come una divinità dal colore grigio fumo, con quattro braccia, il pungolo in una mano, seduto su un'antilope nera. Il cuore distribuisce a tutto l'organismo, attraverso il sistema circolatorio, il sangue che contiene l'ossigeno fissato nei polmoni durante l'ispirazione. E' qui, come un sole che diffonde la sua energia, un fuoco che, invece di bruciare, irraggia il suo calore, scaldando e diffondendo la vita. L'ossigeno è tra l'altro, da un punto di vista alchimistico, un elemento solare: il fuoco può bruciare solo in presenza di ossigeno. Al cuore ritorna l'anidride carbonica che verrà immessa nell'ambiente durante l'espirazione. È così un ciclo completo, scandito dal ripetersi ritmico delle sistoli, forza centrifuga che invia il sangue al corpo, e delle diastoli, forza centripeta che riporta il sangue al cuore. Due fasi complementari, attiva e passiva, nascita (la sistole) e morte (la diastole), che si ripetono in continuazione, ciclo dopo ciclo, e devono essere in perfetto equilibrio perché l'individuo esista. Il sistema cardiaco è completamente involontario. L'innervazione del cuore, così come quella dei polmoni (plessi polmonare e cardiaco), proviene, per quanto riguarda l'ortosimpatico, dalla fascia compresa tra la terza vertebra cervicale e la quinta dorsale, coinvolgendo il primo, secondo e terzo ganglio cervicale e i primi gangli toracici; per quanto riguarda il parasimpatico, dal nervo vago che proviene dal tronco encefalico. Il sistema ortosimpatico aumenta la frequenza del battito cardiaco e la forza di contrazione mentre, per contro, il parasimpatico ha una funzione di decelerazione del battito. Può sembrare strana la posizione così alta della zona di provenienza di questi nervi ma, ancora una volta, basta risalire allo sviluppo embriologico per spiegare questa apparente sfasatura. Infatti, nelle primissime fasi di sviluppo embrionale, durante il processo della gastrulazione, una parte del mesoderma migra fino al davanti della membrana faringea e si unisce con la parte omologa del lato opposto (tubo cardiaco) formando l'abbozzo cardiaco, che solo successivamente si collocherà in posizione più ventrale (con la delimitazione del corpo dell'embrione al 22°gg). Ma l'innervazione resterà legata ai metameri cervicali del suo iniziale sviluppo. Tali metameri sono legati anche allo sviluppo delle braccia. Questo collegamento spiega perché si possono avere dolori legati al braccio in patologie di origine cardiaca (ad esempio, angina e infarto). I polmoni, analogamente all'apparato digerente, mettono in comunicazione l'interno con l'esterno, sono un tramite tra l'individuo e il cosmo, ma per un'energia più sottile di quella alimentare, più pura. D'altronde, in stadi più antichi della filogenesi, la funzione respiratoria e quella digerente erano indifferenziate: elementi «pesanti» ed elementi «sottili» entravano insieme nell'organismo. Ancora oggi le specie filo geneticamente più primitive (pesci) mantengono un unico condotto utilizzato sia per l'alimentazione che per la respirazione (estroflessione nelle pareti laterali del canale digerente), mentre negli altri animali e nell'uomo si sviluppa una separazione tra le due funzioni: dalla faringe si differenzia un «sacchetto» che diventerà il polmone che, quindi, è di derivazione comune con il digerente. In questo caso si sta evolvendo una possibilità di estrarre una materia più sottile, di separare il leggero dal pesante. Il polmone, infatti, capta il prana del cosmo e lo «fa» individuo, mette in comunicazione il «sole» esterno (ossigeno) con il «sole» interno (cuore). E' anche l'apparato respiratorio scandisce un ciclo completo attraverso ogni inspirazione ed espirazione che, a loro volta, sono forza centripeta e forza centrifuga, nascita e morte, passività e attività, riuniti in un ritmo di perfetto equilibrio. Ma, a differenza dell'attività cardiaca, quella respiratoria è anche volontaria, cioè può essere diretta, modificata, guidata dalla coscienza. Proprio a questo filo (la possibilità di controllo volontario) si attacca lo yogin per controllare, attraverso la respirazione, l'intero organismo con le sue funzioni di per sé lontane dal dominio della coscienza. C'è, quindi, in questa ruota anche l'equilibrio della dualità conscio-inconscio, come previsto dal ciclo espresso dal numero 12. Anche negli organi dell'anahata chakra ritroviamo, perciò, cicli caratterizzati da complementarità di ritmi e di funzioni che, nel loro equilibrio, definiscono l'individualità dell'uomo.

- Se questo colore si trova in equilibrio donerà calma, equilibrio, serenità, renderà diplomatici, perseveranti, altruisti, sensuali, amanti della ricchezza e delle cose belle.
- Se il verde si trova in eccesso ci sarà poco inclini ad accettare le critiche, molto esigenti, desiderose di gratificazioni e di certezze, inclini ad attacchi di rabbia, possessivi, gelosi, invidiosi, si sono portati al sacrificio eccessivo. L'eccesso di energia verde potrebbe provocare: paure inconsce, disfunzioni biliari, alterazioni pressorie, sensazione di mancanza di respiro, riduzione delle difese immunitarie, propensione alle infezioni stagionali, tensione muscolare.
- Se colore verde è in difetto si assumono comportamenti asociali, intolleranti, emotivamente freddi, si è portati a criticare, ad avere un carattere malinconico, poco empatico, narcisista, con difficoltà a valutare e risolvere i problemi, timorosi di instaurare relazioni profonde, soffocati dagli obblighi familiari e di lavoro. Il difetto di energia verde potrebbe provocare:

malinconia marcata, cefalea, insonnia, anzi, stress, stanchezza oculare, disturbi gastrici.

Indicazioni:

- Calmante - Promuove l'autostima: ottimo quindi per chi non è sicuro delle proprie capacità e necessita sempre del parere altrui. Promuove il rilassamento fisico e mentale (abbassa il ritmo metabolico) e viene impiegato in caso di stress, ansia, iperattività, insonnia e mal di testa portato da troppo lavoro.
- Intossicazioni - E' utile a polmoni, fegato e reni quando questi devono lavorare in condizioni d'inquinamento notevoli, sia ambientali sia alimentari.
- Problematiche oculari - L'utilizzo di occhiali con lenti verdi tonifica il nervo ottico: eseguendo i lavori di precisione servendosi di una luce verde, gli occhi si stancano meno.
- Effetti sulla psiche - calma, rilassa, elimina la tensione, aumenta la consapevolezza, stimola gli occhi e rafforza il buon umore. Con il colore verde otteniamo un'armonia del corpo.
- Cefalee - E' molto utile in caso di mal di testa, nelle nevralgie e nelle febbri.
- Palpitazioni - Il verde favorisce l'armonia in quanto ha un'influenza calmante sul sistema nervoso.

- Decongestiona l'organismo - A tavola è indicato per tutti coloro che tendono a mangiare in maniera vorace, in quanto aiuta a mantenere un ritmo più lento.

Controindicazioni:

- Depressione - Il verde sembra non presentare particolari controindicazioni, se non in casi di depressione, momento in cui è preferibile un colore, diciamo, più vivace.
- Astenia.

Perché il verde ha un effetto rilassante sulla nostra psiche? Perché il cristallino dell'occhio mette a fuoco la luce di questa tonalità più facilmente delle altre, senza alcuna fatica; si spiega così la sensazione di pace che questo colore infonde. Ma se il verde è il colore del risposo si può anche diventare "verdi di rabbia", un modo di dire che trova spiegazione nel fatto che per il corpo umano il verde è segno di grave malattia. Il colore verde degli ortaggi è dato dalla clorofilla, ricca di magnesio, che aiuta a regolare il metabolismo dei grassi e degli zuccheri. La lista dei cibi verdi è lunga e proprio in primavera abbiamo il massimo della varietà: basti pensare a tutte le verdure a foglia verde ed agli ortaggi di colore verde e legumi come piselli, fave, asparagi, spinaci, broccoli, cetrioli, basilico, carciofi, prezzemolo, insalata verde, zucchine: tutti alimenti ricchi di clorofilla, magnesio, selenio, polifenoli, carotenoidi e vitamina C che favoriscono il buon funzionamento del sistema vascolare e la conduzione degli impulsi nervosi. Il magnesio inoltre è di fondamentale importanza per numerosi processi enzimatici che intervengono nell'assorbimento degli altri minerali come calcio, fosforo, sodio e potassio: tutti preziosi per la salute di ossa, denti, vista e apparato cardiocircolatorio. La Vitamina C ed i polifenoli invece svolgono azione antitumorale e sono depurativi del sangue, favoriscono il drenaggio linfatico e di nuovo sono utili a cuore e vasi sanguigni. Per quanto riguarda la frutta, pensando al verde abbiamo kiwi, uva bianca, lime, avocado.

Oli essenziali associati al quarto chakra

Cipresso, rosa, melissa, neroli, verbena, pino, geranio, lavanda, vaniglia, loto, mirto attivano il quarto chakra.
Miscelare ogni singolo olio essenziale con un olio vettore, ad esempio olio di jojoba o di mandorle, nel rapporto di 2 gocce per cucchiaio di olio vettore, quindi 2 gocce ogni 10 ml di vettore. Essendo questo un "trattamento vibrazionale" una miscela molto diluita avrà un'azione più profonda e marcata. Massaggiare il chakra su cui si vuole lavorare con la miscela contenente l'olio essenziale scelto. Utilizzare poche gocce e applicarle lentamente con la punta delle dita e con un movimento circolare in senso orario. Mentre si massaggia il Chakra focalizzarsi sul risultato che si vuole ottenere, visualizzando l'energia armonica dell'olio mentre apre e riequilibra il chakra. Dopo il trattamento rimanere distesi e rilassati per un po', permettendo al Chakra di riequilibrarsi. Respirare profondamente e lentamente, cercando di liberare e svuotare la mente il più possibile.
In alternativa al massaggio, aggiungere qualche goccia dell'olio essenziale scelto per il trattamento al diffusore di essenze. Concentrarsi e focalizzarsi sulla propria intenzione terapeutica, visualizzare l'energia aromaterapica dell'olio essenziale, aprire e riequilibrare il chakra. Rilassarsi per almeno una mezzora.

Cipresso

L'olio essenziale di cipresso è un olio molto profumato di colore giallo-verdino. Ha un odore piuttosto dolce, balsamico, con note legnose. Le sue proprietà benefiche sono molteplici. Ha proprietà curative contro le emorroidi, fragilità capillare, edemi e reumatismi. Apporta benefici a chi soffre di bronchite, tosse e pertosse. L'olio di cipresso ha inoltre proprietà antisettiche e antispasmodiche. Ed è un valido aiuto anche contro i capelli grassi, l'acne e il sudore eccessivo. È ideale per chi soffre di cellulite e ritenzione idrica. Le sue proprietà curative si possano sfruttare nei momenti di perdita di spazi e ordine a livello fisico e psichico. L'essenza di cipresso aiuta a ripristinare la forma, l'ordine ovvero la struttura originale.

Proprietà fisiche: il cipresso si può utilizzare per le seguenti problematiche: cellulite, acne, couperose, emorroidi, vene varicose. Il cipresso previene le allergie da pollini e dona sollievo in caso di tosse (anche combinandolo all'olio essenziale di cedro). D'inverno è ideale come profumo d'ambiente, perché previene gli effetti negativi dell'aria secca.

Proprietà psichiche: In caso di stress emotivo aiuta a ritrovare la forza nella psiche e nel corpo e ripristina la comprensione e la struttura interiore. Inoltre, aumenta la concentrazione e la serenità, soprattutto nelle persone distratte. L'applicazione è consigliabile con alcune gocce di cipresso nell'olio di base per il massaggio della schiena.

- Parte utilizzata: giovani rametti.
- Metodo di estrazione: distillazione in corrente di vapore.
- Nota di base: profumo caldo, balsamico, resinoso.

Da 70 kg di rami di cipresso si ottiene 1 kg di olio essenziale. In ambito cristiano, il cipresso, insieme alla palma, al cedro e all'ulivo, è ritenuto uno dei quattro legni con cui fu costruita la croce di Gesù.
Come antidepressivo, se inalato ha un'azione riequilibrante generale sul sistema nervoso, addolcisce i cambiamenti e aiuta a superare la depressione, che deriva dalla perdita di persone care e la fine di una storia d'amore. Vaporizzato in casa, 1-2 gocce per metro quadro della stanza, può aiutare a superare momenti di stress o di leggero e momentaneo esaurimento mentale.

Bagno tonificante: versare 10 gocce nell'acqua della vasca, emulsionare agitando forte l'acqua, quindi immergersi per 10 minuti per usufruire dell'azione decongestionante per il sistema circolatorio e linfatico. Se si preferisce la doccia, versarne 4 o 5 gocce su un guanto di spugna bagnato, eventualmente diluito in un po' di detergente liquido neutro, e frizionare per almeno 5 minuti.

Antidepressivo: se inalato ha un'azione riequilibrante generale sul sistema nervoso, addolcisce i cambiamenti e aiuta a superare la depressione, che deriva dalla perdita di persone care e la fine di una storia d'amore. Vaporizzato in casa, 1-2 gocce per metro quadro della stanza, può aiutare a superare momenti di stress o di leggero e momentaneo esaurimento mentale.

Controindicazioni: Si sconsiglia l'uso interno dell'olio essenziale in gravidanza, allattamento e in donne iperestrogeniche. L'essenza di cipresso è molto potente e va usata in piccole quantità.

Rosa

La rosa, fiore dalle proprietà eccezionali, è uno straordinario riequilibrante in grado di rinforzare il sistema nervoso, favorire la digestione e risvegliare la sessualità. Lo stress primaverile, che si presenta dopo mesi di lavoro, infierisce sulla salute dell'organismo, assorbendo le nostre energie e causando un abbassamento delle difese immunitarie. L'olio essenziale di rosa riduce gli attacchi di ansia, la sensazione costante di tensione e agitazione generata dallo stress e le conseguenti manifestazioni somatiche. Conosciuto per le sue numerose proprietà, svolge un'azione equilibrante, lenitiva e armonizzante, utile per l'autostima e contro ansia e rughe. La rosa è l'archetipo del fiore e il simbolo dell'amore sia profano che divino. Conosciuta da più di 3.000 anni, le civiltà antiche la usavano come ingrediente principale nella fabbricazione dei profumi e dei cosmetici insieme ad altri oli essenziali.

Gli Arabi e i Berberi del Marocco hanno distillato e prodotto l'acqua di rose fin dal I secolo a. C e utilizzato l'infusione delle sue foglie per le proprietà antistress, toniche e antisettiche.

- La rosa è una delle essenze più difficili da distillare, perché occorrono dalle 4 alle 5 tonnellate di petali per ricavare 1 kg di olio essenziale. In una goccia di olio essenziale di rosa è presente quindi la fragranza di circa 30 rose; questa poca resa giustifica, purtroppo, il prezzo elevato del suo olio essenziale. L'olio essenziale di rosa è estratto dalla specie botanica Rosa damascena. Dato gli alti costi dell'olio essenziale di rosa, in commercio non mancano soluzioni già diluite.

La raccolta inizia da metà maggio a metà giugno, alle 4 del mattino e termina alle 9; dopo quest'ora, infatti, diventa troppo caldo, per cui le sottili parti volatili della rosa andrebbero parzialmente perse.
L'olio essenziale di rosa rientra tra quegli oli essenziali che, a temperatura ambiente, gelifica; diversamente, quando riscaldata, ritorna allo stato liquido. Questo ne determina anche l'evidenza della genuinità del vero olio essenziale di rosa.
Come armonizzante, se inalato, apre e rafforza il cuore. L'olio essenziale di rosa rilassa l'anima e attiva la disposizione per tenerezza e amore, perché sviluppa la pazienza, la devozione e l'autostima. Dona gioia e scaccia i pensieri negativi, equilibrando emozioni negative provocate da collera, gelosia e stress. Il profumo dell'essenza è un meraviglioso supporto sia psicologico sia fisico nella gravidanza: ottimo per accompagnare le donne durante il parto e accogliere il nuovo arrivato con dolcezza e amore. In menopausa aiuta a lenire tristezza e depressione. In caso di depressione nervosa, assumere 2 gocce di essenza di rosa due volte al giorno.
Equilibrante del sistema ormonale femminile. Se massaggiato sul ventre, calma gli spasmi in caso di dolori mestruali e argina le emorragie. Indicato nei disturbi legati agli squilibri ormonali, l'ansia e l'irritabilità che caratterizzano la sindrome

premestruale e la menopausa. Per stimolare la funzionalità epatica, diluire 2 gocce in 1 cucchiaio di olio di mandorle dolci e massaggiare delicatamente la zona del fegato per qualche minuto senza premere, effettuando solo un leggero sfregamento circolare per far penetrare l'olio.

Come antistress, versare 4 gocce di olio essenziale di rosa diluite in un cucchiaio di olio di jojoba e applicate al centro della fronte, sotto il mento e intorno all'ombelico, con un messaggio circolare ripetuto tre volte: ecco un'ottima strategia per combattere lo stress. Per completare e amplificare l'effetto rilassante del messaggio, è possibile bere una tazza di tè alla rosa.

Come tonificante contro l'astenia sessuale, utile per il massaggio di coppia o per un bagno rilassante con effetto afrodisiaco; è l'olio dell'amore e dell'erotismo, perché esalta la bellezza interiore e mitiga i conflitti infondendo pace e felicità. Preparare un olio da massaggio diluendo in 2 cucchiai di olio di mandorle dolci 2 gocce di olio essenziale di rosa e 2 di gelsomino.

Come bagno aroma terapico, versare 10 gocce di olio essenziale di rosa o, per un effetto ancor più rilassante, 3 gocce ciascuno degli oli essenziali di rosa, ylang-ylang e sandalo aggiunte all'acqua calda della vasca cancelleranno ansia, tensione e stress, e favoriranno il riposo notturno.

Controindicazioni: Alle dosi consigliate, non presenta controindicazioni. Non adatto a bambini al di sotto dei 3 anni, in gravidanza e durante l'allattamento.

Melissa

Le foglie di melissa, ricche di olio essenziale, che conferisce alla pianta un aroma gradevole e il sapore del limone, sono impiegate negli stati d'ansia con somatizzazioni a carico del sistema gastroenterico. Per la sua azione antispasmodica, antinfiammatoria e carminativa è indicata in caso di dolori mestruali, nevralgie, disturbi della digestione, nausea, flatulenza crampi addominali e colite. Questa pianta è utilizzata anche nel trattamento del mal di testa, quando è causato da tensione nervosa, grazie alla presenza dell'olio essenziale (0,5%) che agisce come calmante sul sistema nervoso, e rilassante su quello muscolare. Il suo uso è particolarmente indicato, perciò, in presenza di un quadro d'irritabilità generale, insonnia causata da stanchezza eccessiva, nervosismo, sindrome premestruale, e tachicardia su base funzionale. Ci vogliono 10.000 kg di Melissa per avere solo 1 litro di olio.
In aromaterapia la melissa è considerata un vero toccasana per la mente. E' annoverata tra i rimedi naturali all'ansia, un toccasana contro lo stress e diversi disturbi di natura psicosomatica, shock emotivi e traumi fisici, dopo una grave notizia, come sostegno all'umore. Agisce velocemente e per questo è considerata un ansiolitico naturale. Mitiga le forti emozioni e compensa gli eccessi. In caso di frequenti crisi di panico versare alcune gocce di essenza nel diffusore degli aromi, il suo piacevole profumo svolge un'azione equilibrante,

rinfrescante e vivificante dell'ambiente. E' un olio essenziale potentissimo, di grande beneficio sul chakra del cuore e, infatti, è molto indicato per chi soffre di cardiopatie; la sua energia solare tonifica il cuore, regola la pressione, seda gli stati d'ansia e stress e quindi i loro effetti sul sistema circolatorio. Come sedativo esercita un'azione rilassante sul sistema nervoso, calma la tensione e l'ansia e tutte le manifestazioni di natura psicosomatica collegate a queste condizioni, come le palpitazioni, la cefalea, la gastrite.

- Parte utilizzata: le foglie e le sommità fiorite.
- Metodo di estrazione: distillazione in corrente di vapore. Ci vogliono 10.000 kg di Melissa per avere solo 1 litro di olio.
- Nota di cuore e di testa: profumo fresco, citrato, leggermente erbaceo.

Per l'insonnia: 2 gocce in un olio vettore da massaggiare sulle tempie e sull'addome per calmare, rilassare e indurre al sonno. Mettere poi 7-8 gocce di olio essenziale di Melissa in un bruciatore per essenza o in un umidificatore predisposto per le essenze e porlo nella camera.

Per l'emicrania: in 200 ml di acqua fredda mettere 6 gocce di olio essenziale di Melissa e fare impacchi alla fronte con una pezzuola intrisa. Mentre si fanno gli impacchi rimanere sdraiati, finché non passa il disturbo.

Controindicazioni: la melissa presenta alcuni effetti collaterali. Se ne sconsiglia l'uso in caso di terapie a base di ormoni tiroidei, potrebbe portare effetti paradosso con stati di agitazione. Non adatto a bambini al di sotto dei 3 anni, in gravidanza e durante l'allattamento. Occorre fare attenzione, in quanto si tratta di uno degli oli più frequentemente adulterati. Il vero olio di Melissa è molto costoso, e sovente viene sostituito con altri oli dall'aroma similare, come il Lemongrass o il Lemon Verbena. Questi oli hanno delle loro proprietà, che sono molto valide, ma non sono certo le stesse della Melissa, perciò é importante acquistare l'olio solo di fornitori fidati che possano garantire che quello è realmente l'olio di cui si ha bisogno.

Neroli

L'olio essenziale di neroli è un olio vegetale prodotto per distillazione dei fiori di arancio amaro. Il suo profumo somiglia a quello del bergamotto. Profumo dolce del fiore e gusto amaro del frutto caratterizzano la varietà amara dell'arancio. L'olio essenziale di neroli è estratto dai fiori dell'arancio amaro che si differenzia dalla varietà dolce per le spine più lunghe, per il loro colore più scuro, il profumo più intenso delle foglie e dei fiori, la buccia più colorata e più ruvida del frutto, ma soprattutto per il particolare gusto amaro della polpa. Questo duplice aspetto si ritrova anche nell'amore e per questo motivo l'olio essenziale di neroli ne rappresenta da sempre il simbolo. Conosciuto per le sue numerose proprietà, svolge un'azione calmante, riequilibrante e rigenerante, utile contro stress e dolori mestruali. Il profumo dell'olio essenziale di neroli è dolce, mieloso, dalle sfaccettature un po' metalliche e speziate. Si tratta di un profumo meno floreale rispetto a quello dei classici fiori d'arancio. Il Neroli fa parte degli oli essenziali costosi, perché ci vogliono una tonnellata di fiori d'arancio per ottenere un litro di essenza. Il neroli è uno dei pochi oli essenziali per i quali è stato provato scientificamente un aumento della produzione di serotonina nel cervello. La serotonina è un neurotrasmettitore importante ed è in grado di alterare l'umore; infatti, quando è presente a livelli elevati, aumenta la nostra sensazione di serenità e di benessere.

E' una delle essenze floreali più utilizzata per la composizione di innumerevoli profumi. Tale fama deriva principalmente dal fatto che si amalgama bene con tutte le essenze agrumate e di nota floreale grazie alla sua predominanza lunare.

L'olio essenziale dei fiori di arancio amaro era la fragranza preferita di Annamaria di Tremoville, moglie di Flavio Orsini, conte del feudo di Nerola, nel Lazio del secondo '500. Le cronache narrano che la donna, di origine francese, portò l'amato olio essenziale nella sua terra natia, attribuendogli il nome di "Neroli", in memoria del borgo del marito. E' associato alla purezza e forse a causa del simbolismo che deriva dai fiori bianchi anticamente veniva impiegato per confezionare la coroncina che cingeva il capo delle spose durante le nozze, che serviva a un duplice scopo: simboleggiare la verginità e allentare la possibile preoccupazione e paura della penetrazione che poteva provare una giovane sposa nei confronti della prima notte di nozze.

- Parte utilizzata: fiori.
- Metodo di estrazione: enfleurage.
- Nota di cuore: profumo caldo, dolce, floreale.

Riequilibrante sul sistema nervoso: l'olio essenziale di neroli è indicato dopo fatiche mentali e tensioni psichiche, contro paura disturbi d'ansia, depressione e calma i pensieri in momenti di confusione. Porta la pace nel cuore, l'allegria e l'ottimismo consolante. Nelle afflizioni ci aiuta ad alleviarne il peso. Ci rafforza in situazioni in cui non vediamo vie d'uscita. Esercita un'efficace azione calmante in caso di turbe emotive, nervosismo, insonnia, ipertensione, tachicardia, stress. Concilia il sonno ed è molto utile in caso di bambini sovraeccitati e che si addormentano con difficoltà. Applicare 2 gocce di olio essenziale di neroli (diluite, su pelli delicate, in un po' di olio di mandorle) a livello della superficie interna dei polsi e frizionarli con una certa energia l'uno contro l'altro, mentre si sollevano le braccia verso l'alto, per meglio inalarne l'aroma che si sprigiona, attraverso una profonda respirazione. In caso di shock emotivi, paure, stress, diluire 3 gocce di olio essenziale in un cucchiaino di olio di mandorle e massaggiarne un po' sulla parte centrale dello sterno. In caso di depressione lieve, insonnia, ansia, fare un bagno aromatico versando su 3 manciate di sale marino integrale 8 gocce di olio essenziale di neroli e 8 gocce di olio essenziale di lavanda; aggiungere il mix all'acqua calda della vasca. In alternativa, ricevere un massaggio su tutta la schiena effettuato con olio di sesamo aromatizzato nelle seguenti proporzioni: per 50 ml di olio vegetale aggiungere 6 gocce di olio essenziale di neroli, 5 gocce di olio essenziale di geranio e 5 gocce di olio essenziale di mirra. Questa essenza è paragonabile al "Rescue Remedy" nei fiori del Dott. Bach, in quanto ci aiuta a vincere paure, traumi, shock e depressioni.

Calmante: utile nel trattamento dei disturbi psicosomatici a carico dell'apparato digerente (crampi, disturbi digestivi di origine nervosa, intestino irritabile, meteorismo), perché rilascia la muscolatura e libera dalla tensione nervosa. E' l'ideale per fare un massaggio distensivo e per massaggiare il ventre in caso di spasmi, cattiva digestione e dolori mestruali. Aggiungere a 100 ml di olio di mandorle dolci 15 gocce di neroli, si otterrà un olio per massaggi che elimina stress e tensioni muscolari.

Olio da massaggio: diluire 20 gocce di essenza di neroli in 100 ml di olio di mandorle e massaggiare la parte che presenta tensioni muscolari.

Bagno rilassante: miscelare nell'acqua della vasca 10 gocce di neroli, avendo cura di chiudere bene la porta e le finestre per conservare i vapori all'interno del bagno e poterli respirare.

Controindicazioni: Alle dosi consigliate, non presenta controindicazioni. Tenere fuori dalla portata dei bambini al di sotto dei 3 anni.

Verbena

Conosciuto per le sue numerose proprietà, l'olio essenziale di verbena è antinfiammatorio, febbrifugo e calmante, utile anche per le funzionalità gastriche e per le infezioni delle vie aeree. Svolge attività antispasmodica, seda spasmi e dolori di origine psicosomatica, agendo come normalizzatore e calmante. Antinfiammatorio e febbrifugo, grazie alle sue proprietà rinfrescanti, lenisce le infiammazioni di natura articolare e abbassa la febbre. Antisettico e disinfettante in caso di infezioni delle prime vie aeree. Calmante, è un riequilibrante dell'umore ma anche un tonico del sistema nervoso, rinforza la concentrazione e la memoria. Digestivo e stimolante epatico, facilita le funzionalità gastriche e l'assorbimento dei nutrienti. I romani consideravano la verbena una pianta propiziatrice e veniva impiegata per le cerimonie di purificazione degli altari e per accompagnare le attività degli ambasciatori. Infatti, questi dignitari prima di partire venivano toccati con rami di verbena raccolti in un luogo sacro del Campidoglio per insignirli dei poteri di rappresentanza dello Stato romano.

- Parte utilizzata: foglie e sommità fiorite.
- Metodo di estrazione: distillazione in corrente di vapore.
- Nota di testa: profumo fresco, agrumato.

Aromaterapia: mettere 5 gocce nel diffusore per rinfrescare l'aria dell'ambiente in cui si sosta, per calmare gli stati di agitazione. Alcune gocce di questa essenza poste nei diffusori contribuiranno non solo a profumare l'ambiente, ma anche a favorire la concentrazione e la memoria, schiarire la mente e riportare l'armonia, poiché quest'essenza agisce sul sistema nervoso con effetto tonico o sedativo e risulta stimolante e motivante nei casi di apatia, stanchezza e disinteresse, suscitando anche una maggiore comunicativa. La capacità di stimolo a carico del sistema nervoso, il suo effetto motivante e rinnovatore sottolineano bene come il cancello energetico preferito dalla verbena sia il 6° chakra.

Massaggi: 2 o 3 gocce in olio vettore da massaggiare sulle tempie in caso di mal di testa e per favorire il sonno. Massaggiato sull'addome per calmare il respiro, sedare l'ansia e favorire la digestione.

Bagno: 15-20 gocce di olio essenziale di verbena nell'acqua della vasca. Per combattere stati di ansia, stress e insonnia, prima di andare a dormire concedersi un bel bagno rilassante, aggiungendo 15-20 gocce d'olio all'acqua della vasca e rimanendo immersi per 20-30 minuti. Questo momento di relax aiuterà anche a combattere i dolori reumatici e gli spasmi muscolari, perché quest'essenza tonifica e contribuisce a eliminare le tossine.

Controindicazioni: l'olio essenziale di verbena è sconsigliato per i bambini sotto i sei anni, non deve essere utilizzato durante la gravidanza e l'allattamento. Per il resto non presenta particolari controindicazioni, ma è bene non esporsi al sole dopo averlo impiegato, perché può dare origini a fenomeni di fotosensibilizzazione, a causa della presenza del citrale.

Pino

L'olio essenziale di pino silvestre è una stimolante generale del sistema nervoso, delle ghiandole surrenali, mucolitico, espettorante, antisettico, decongestionante linfatico, antireumatico, antiinfiammatorio, deodorante, tonico sessuale, ipertensivo. L'essenza sprigionata dall'olio essenziale di pino silvestre penetra facilmente attraverso la cute, dove esplica le sue funzioni come fluidificante, sedativo della tosse e delle prime vie respiratorie. Dalla resina che tende a formarsi sul tronco si estrae, per distillazione a vapore, l'essenza di trementina, un liquido trasparente, ambrato, dall'odore forte e dal sapore acre, amaro, da secoli usata per numerose indicazioni terapeutiche tra cui la bronchite, i reumatismi e affezioni della pelle. Si conoscono quattro metodi di estrazione dell'essenza di trementina, a seconda di quale parte dell'albero si usa per ottenerla:

1. Quella della resina, in cui la quantità di essenza di trementina si attesta al 25%, che viene estratta al vapore dall'essudato di pino.
2. Quella del legno, che può essere estratta tramite solventi dai durami del tronco lasciati fermentare una quindicina d'anni.
3. Quella dei rami secchi o del tronco, ottenuta fornendo calore.
4. Quella della polpa di legno, nell'industria della carta quando si separa la porzione resinosa dalla polpa.

Presso gli Assiri era considerato il "guardiano della vita". Anticamente, gli aghi di pino venivano utilizzati dagli Indiani d'America per riempire i materassi allo scopo di tenere lontane pulci e insetti. Come tonificante aiuta a sentirsi subito efficienti al risveglio, indicato nei casi di ipotensione e insufficienza cardiaca. Viene utilizzato per togliere il senso di stanchezza alle persone affaticate o sotto stress, in caso disturbi del sonno o di esaurimento nervoso. Quest'essenza stimola la corteccia surrenale che regola la produzione di ormoni in risposta allo stress da parte dell'organismo, quindi è particolarmente efficace per rinvigorire e tonificare. Per questa sua azione stimolante, sull'olio essenziale può essere d'aiuto nella cura dell'impotenza, della frigidità, in caso di disturbi sessuali o diminuzione della libido. I suoi peculiari effetti balsamici ed espettoranti ma soprattutto la capacità di tonificare il sistema muscolare dell'apparato respiratorio.

Controindicazioni: L'olio essenziale di pino è controindicato in gravidanza e a dosi elevate può irritare le mucose. Applicato per via esterna ad alte concentrazioni può dare luogo ad effetti di sensibilizzazione. Si consiglia di evitarne l'uso esterno qualora siano presenti delle irritazioni cutanee. Come per ogni altro olio essenziale, anche per quello di pino silvestre si consiglia di consultare un erborista, prima dell'utilizzo, in modo da sfruttarne in maniera completa e sicura i numerosi benefici.

Geranio

In aromaterapia l'olio essenziale di geranio viene utilizzato in caso di acne, ansia, depressione, stress, insonnia e mal di gola. L'olio essenziale di geranio ha proprietà antibatteriche, antidepressive, antinfiammatorie, antisettiche, astringenti, diuretiche, repellenti e toniche. Ciò lo rende adatto all'impiego per numerose problematiche legate alla salute e al benessere. Viene utilizzato anche per favorire la stabilità emotiva, per alleviare i dolori grazie alle sue proprietà antidolorifiche, per stimolare la guarigione di ustioni e ferite grazie alle sue proprietà cicatrizzanti, per migliorare l'umore e per ridurre l'infiammazione. E' utile per eseguire dei massaggi a livello delle gambe per riattivare la circolazione. Originario del Sud Africa, il geranio fu introdotto in Europa nel XVII secolo dai coloni inglesi e olandesi, che al rientro dalle Indie, si fermavano con le loro navi a Capo di Buona Speranza per approvvigionarsi. Nel nostro continente ha cominciato a essere coltivato, soprattutto nella fascia mediterranea, che ha un clima simile a quello della sua provenienza. Il geranio è composto da centinaia di specie diverse, ognuna caratterizzata da propri colori, intensità di profumo, petali e grado di resistenza alle temperature. In passato era ampiamente usato per combattere le emorragie grazie alla sua forte azione astringente e cicatrizzante; oggi è diffusissimo, soprattutto come pianta ornamentale e il suo olio essenziale è usato dall'industria cosmetica e da quelle alimentare e liquoristica.

L'olio che si estrae dal geranio, appena distillato, si presenta come un liquido verde dall'odore dolciastro e molto delicato, il quale poi viene lavorato e miscelato secondo le necessità o lasciato allo stato puro.

- Parte utilizzata: foglie e fiori.
- Metodo di estrazione: distillazione in corrente di vapore
- Nota di cuore: profumo fresco, dolce, floreale.

Riequilibrante: è usato in aromaterapia per incrementare l'immaginazione e l'intuito così da riuscire a trovare soluzioni in situazioni ingarbugliate, o difficili. Stimola la voglia e il desiderio di esprimersi e di tirare fuori quello che si sente nel profondo, aiuta a prendere coscienza e bilanciare il dare-avere. Adattissimo alle persone che non sanno cosa desiderano stimola in loro la motivazione. Attira a noi tutto ciò che è positivo. Contribuisce a favorire il sonno e il relax. Si può applicare qualche goccia su un fazzoletto da posizionare sul comodino o da tenere vicino al cuscino, oppure fare un massaggio al collo e alle spalle prima di andare a dormire.

Tonificante: indicato nei massaggi per riattivare la circolazione sanguigna, per combattere la cellulite, e nel trattamento, prevenzione o normalizzazione dei disturbi che traggono origine da un malfunzionamento del sistema circolatorio, come varici, fragilità capillare e couperose. L'olio essenziale di geranio è considerato utile per prevenire e alleviare le rughe. Ecco perché viene impiegato come ingrediente nelle creme anti-age. Si può aggiungere una sola goccia di olio essenziale di geranio alla crema idratante che utilizzata di solito per il viso. Come doposole, diluire 5 gocce di olio essenziale di Geranio, 5 di Camomilla e 1 di Menta Piperita in un cucchiaio di Olio di Jojoba e aggiungere al bagno e/o frizionare prima di andare a dormire.

Diffusione ambientale: 1 goccia di olio essenziale di geranio per ogni mq dell'ambiente in cui si diffonde, mediante bruciatore di oli essenziali, contro le zanzare.

Controindicazioni: L'olio essenziale di geranio è considerato sicuro, per cui non ci sono particolari precauzioni alle quali attenersi. E' importante ricordare che l'utilizzo improprio degli oli essenziali può essere dannoso, per cui affidarsi sempre ai consigli di un'erborista.

Lavanda

Originaria dell'Europa meridionale e occidentale, quella provenzale è la più famosa; fu pianta preziosa già per gli antichi Romani che mettevano mazzetti di fiori nell'acqua dei bagni termali. I fiori alquanto profumati, sono raggruppati in sottili spighe blu violette. La lavanda veniva utilizzata già allora come base per raffinati profumi e per preparare decotti e infusi usati per la bellezza della pelle e dei capelli. In un passato più recente sappiamo che in ogni casa di città o di campagna non c'era armadio o cassettone che non avesse sacchettini di lavanda per profumare la biancheria e tenere lontane le tarme. Questa delicata consuetudine sta tornando ora di moda e ci ricorda antiche tradizioni e sensazioni di pulizia e cura per la casa. Il chimico francese, Renè Maurice Gattefossé, a cui è attribuita l'invenzione del termine "aromaterapia " nel 1928, e che contribuì alla rinascita dell'interesse dell'uso degli oli essenziali a scopo terapeutico, ebbe a proprie spese, notato che l'olio essenziale di lavanda, che lui stava utilizzando per miscele di profumi, aveva notevole capacità di fare guarire le ferite da ustioni. Infatti, mentre stava lavorando a dei profumi si bruciò accidentalmente un braccio e per reazione lo infilò nel liquido a lui più vicino. Il caso volle che quel liquido fosse proprio olio essenziale di lavanda che lo fece guarire dall'ustione in brevissimo tempo. L'olio essenziale di lavanda ha uso sia esterno sia interno. Unito a creme, oppure facendone cadere qualche goccia nell'acqua del bagno ben calda, oppure ancora applicato direttamente sulla pelle per massaggi, aiuta la purificazione delle epidermidi grasse e impure, facilita la cicatrizzazione di piaghe, abrasioni e ferite, stimola la circolazione, specie quella del cuoio capelluto. L'aroma emanato dall'olio essenziale di lavanda è rilassante e sedativo e massaggiato sulla nuca sembra che aiuti a tenere lontani i pidocchi.

Controindicazioni: L'olio essenziale di lavanda non ha particolari controindicazioni. Tuttavia si ricorda sempre di utilizzarlo per via inalatoria o in frizione e, in caso di dubbi, consultare sempre il medico prima di utilizzarlo. È bene ricordarsi, infatti, che l'olio essenziale, per quanto sia considerato sicuro, potrebbe avere alcune controindicazioni se utilizzato in maniera impropria o eccessiva. Il consulto del medico o dell'erborista quindi, deve essere richiesto. L'olio essenziale di lavanda è uno dei pochi oli di questa famiglia che può essere utilizzato anche puro, anche se è sempre consigliato diluirlo in acqua, creme o gel.

- Come per molti altri oli essenziali, le donne incinte o che allattano dovrebbero evitare l'uso di olio essenziale di lavanda.
- Si raccomanda inoltre che i pazienti con diabete di stare lontano da olio di lavanda.
- Può anche causare reazioni allergiche alle persone che hanno la pelle particolarmente sensibile.

- Alcune persone possono anche accusare nausea, vomito e mal di testa a causa dell'utilizzo di un olio essenziale non adatto.
- Ancora più importante, l'olio di lavanda non dovrebbe mai essere ingerito, ma applicato solo localmente o inalato attraverso mezzi di aromaterapia o attività simili.
- L'ingestione può causare gravi complicazioni di salute, caratterizzato da visione offuscata, difficoltà respiratorie, bruciore agli occhi, vomito e diarrea.

Vaniglia

La sensuale e avvolgente fragranza che contraddistingue la vaniglia, proviene da questa meravigliosa orchidea originaria del Messico. In particolar modo dai suoi frutti, chiamati baccelli, dai quali si estrae la preziosa spezia. Possiede proprietà aromaterapiche eccellenti: è rilassante, antidepressiva, riequilibrante, calmante, ottima quindi per combattere stress e insonnia. La vaniglia è anche un antiossidante naturale, combatte i radicali liberi ed è un buon antisettico. Si dice che sia un potente stimolante della sfera sessuale; è, infatti, nota per le sue proprietà afrodisiache. Con l'olio essenziale di vaniglia si possono preparare deodoranti che neutralizzano i cattivi odori, senza inibire la sudorazione, ma mettendo in risalto l'odore della persona. Ottimo per profumare le miscele per il viso, l' olio essenziale di vaniglia va bene per tutti i tipi di pelle perché è un equilibrante. La vaniglia ha un aroma intenso ma allo stesso tempo piacevole e viene anche utilizzata in ambito aromaterapico. La vaniglia viene coltivata in tutti i paesi tropicali ma quella più pregiata e conosciuta è la vaniglia Bourbon proveniente dal Madagascar.

- Parte utilizzata: baccelli.
- Metodo di estrazione: distillazione in corrente di vapore.
- Nota di base: aroma intenso e piacevole.

Aromaterapia: afrodisiaco, nei momenti di delusione e sconforto, per chi teme di perdere il controllo. Rilassa e addolcisce ogni conflitto. Elimina le frustrazioni, la paura e il senso di abbandono. Suscita una sensazione di benessere e di rilassamento, ed è un ottimo antidepressivo. Il suo aroma combatte l'aggressività, l'eccitazione e lo stress.

Antistress: mettere su un fazzoletto 3 gocce di essenza di vaniglia e respirare a fondo l'aroma oppure procedere con un massaggio rilassante mettendo 10 gocce di olio essenziale di vaniglia in 2 cucchiai di olio vegetale. Si possono anche massaggiare le tempie e la fronte con la precedente miscela utilizzandone 3 gocce.

Afrodisiaco: fare dei massaggi mettendo 10 gocce di olio essenziale di vaniglia in 2 cucchiai di olio vegetale.

Fame nervosa: mettere 2 gocce su un fazzoletto e inspirare a fondo l'aroma, oppure, applicare una goccia di essenza sulla parte interna dei polsi, poi frizionarli con una certa energia l'uno contro l'altro, mentre si sollevano le braccia verso l'alto, per meglio inalarne l'aroma che si sprigiona, attraverso una profonda respirazione.

Bagno rilassante: l'aroma della vaniglia può essere sprigionato anche semplicemente diluendo un paio di gocce di olio essenziale nell'acqua calda della vasca da bagno oppure versandole direttamente nella bottiglia del bagnoschiuma. In questo modo si combinano gli effetti rilassanti del bagno caldo con quelli della vaniglia, andando altresì a migliorare il flusso sanguigno e a favorire l'espulsione delle tossine grazie al calore dell'acqua.

Controindicazioni: L'olio essenziale di vaniglia è generalmente ben tollerato, non irritante e non sensibilizzante. Per sicurezza però prima di utilizzarlo fare sempre un piccolo test sul corpo, diluendo due gocce di essenza in olio di mandorle dolci o altro olio vegetale e massaggiare su un punto a piacimento. Se nel giro di poche ore non è comparso nulla si può utilizzare tranquillamente la vaniglia. Da evitare in caso di gravidanza o allattamento e nei bambini sotto i 3 anni.
Viene ampiamente adulterato.

Mirto

L'olio essenziale si ricava dal le foglie e dai rametti giovani con il metodo della distillazione in corrente di vapore e si ottiene un liquido color arancio chiaro che emana un intenso profumo dolce. Antisettico, espettorante, sedativo, astringente. L'olio essenziale di Mirto risulta estremamente efficace nelle malattie del sistema respiratorio, in quelle genito-urinarie, per l' acne e per la pelle impura. Il nome della pianta sembra che derivi da Myrsine, mitica fanciulla dell'Attica, uccisa da un giovane invidioso per essere stato battuto da lei nei giochi ginnici, e trasformata poi da Atena in arbusto. Il mirto fu consacrato a Venere perché la dea, dopo essere nata dalle acque del mare di Cipro, si era rifugiata in un bosco di mirto, quindi oggetto di offerte propiziatorie, durante i sacrifici. Era considerata una delle piante simboliche di Roma, tanto che nel Foro vi era un antico altare consacrato a Venere Mirtea. Il mirto era una pianta legata alla bellezza, ma anche all'eroismo. Greci e Romani consideravano questa pianta il simbolo delle gioie materiali, di gloria e di amore felice. Per questa ragione, se ne facevano corone per gli eroi e per le spose. Il Cristianesimo volle dedicare il mirto alla felicità dei giovani sposi, per cui veniva impiegata come buon auspicio nelle feste nuziali. Infatti, in passato le giovani spose, usavano una corona di mirto, come simbolo di purezza, speranza e inizio di una nuova vita. Il mirto raggiunse il massimo della fama quando gli speziali del XVI secolo prepararono e commercializzarono una preziosa acqua distillata, chiamata acqua angelica, usata come tonico astringente e purificante, per la pelle del viso e del coro corpo

- Parte utilizzata: foglie e rametti giovani.
- Metodo di estrazione: distillazione con vapore.
- Nota di Cuore, profumo fresco, dolce, intenso, boschivo.

Tonificante: se inalato ridona il sorriso interiore, aiuta a trovare soluzioni per uscire da situazioni difficili e da esperienze profondamente negative. Il suo profumo libera il respiro, apre il petto e influisce in modo positivo sull'anima stressata dai pensieri quotidiani. Il mirto è un ottimo aiuto per i bambini iperattivi, insicuri e stressati dalla vita scolastica. Questa pianta oltre a stimolare l'amore profano è amica dello spirito stimolando principalmente il 7° chakra. Decisamente utile agli ipocondriaci, allevia il timore della malattia e dona un'idea serena della morte. Associato all'elicriso aiuta a vincere un cattivo rapporto con la propria sessualità.

Balsamico: ben tollerato anche dai bambini, ha un effetto mucolitico, espettorante e fluidificante del catarro. Aiuta a decongestionare le vie respiratorie infiammate, in caso di raffreddore, bronchite, tosse dei fumatori e in tutte le malattie croniche dell'apparato respiratorio. Frizionare delicatamente 1-3 gocce di olio essenziale di mirto diluite in un cucchiaio di olio di mandorle, sul petto, facendo così in modo che svolgano un'adeguata azione mucolitica ed espettorante. Allo stesso tempo preparare un decotto di foglie (far bollire e filtrare 1/2 litro d'acqua con 7 grammi di foglie secche di mirto) e berne 4-5 tazze durante la giornata.

Diffusione ambientale: 1 goccia di olio essenziale di mirto, per ogni mq dell'ambiente in cui si diffonde, mediante bruciatore di oli essenziali o nell'acqua degli umidificatori dei termosifoni, per disinfettare l'aria nella camera di bambini e anziani.

Bagno tonificante: da 4 a 10 gocce nell'acqua tiepida della vasca. Doccia: 3-4 gocce su un guanto di spugna bagnato e massaggiare delicatamente tutto il corpo.

Controindicazioni: Non sono indicate particolari controindicazioni nell'assunzione del mirto, l'unico effetto collaterale potrebbe essere rappresentato da allergie cutanee. Controindicato in gravidanza, per i bambini fino a tre anni di età e in casi di grave insufficienza epatica e/o renale. In dosi elevate può provocare nausea, depressione e mal di testa.

Fiori Himalaya associati al quarto chakra

I Fiori Himalayani Enhancers influiscono direttamente nei vari livelli d'energia controllati dai Chakra, rimovendo i sentimenti negativi e stimolando quelli positivi. I Fiori Himalayani Enhancers sono stati individuati da Tanmaya nel 1990, durante una sua permanenza durata alcuni mesi in una valle Himalayana. Il termine Enhancers significa catalizzatori, perché le essenze non sono solo rimedi volti a lavorare su emozioni e stati interiori negativi ma favoriscono anche processi di riequilibrio energetico e di sviluppo spirituale molto profondi per portare alle luce qualità sepolte all' interno della persona. Possono essere assunti puri da soli o diluiti insieme ai Fiori di Bach o ad altri Fiori. Le prime preparazioni di Tanmaya riguardarono nove combinazioni, sette direttamente collegati ai plessi, meglio noti col nome indiano di chakra più un catalizzatore generale e un fiore particolarmente indicato per i bambini; successivamente il loro numero si è moltiplicato con la scoperta di nuovi fiori, adatti a modulare emozioni specifiche.

Sono Fiori con un effetto molto rapido e potente, a differenza dei Fiori di Bach, che sono tra i più lenti e delicati; questa potenza a volte è molto utile, altre volte può rappresentare un rischio di eccessiva azione. Mentre i Fiori di Bach possono essere considerati rimedi principalmente emozionali, cioè volti al riequilibrio delle emozioni umane, i Fiori Himalayani, proprio grazie alla natura del terreno sul quale crescono, si rivolgono essenzialmente

alla dimensione spirituale dell'uomo, stimolando il bisogno di preghiera, di meditazione e di connessione con il divino che dimora in lui.
Le essenze floreali himalayane sono estratti liquidi che contengono l'energia del fiore da somministrare generalmente per via orale, inoltre possono essere usate nell'acqua del bagno, nebulizzate sul corpo o nell'ambiente, oppure unite all'olio per il massaggio.

Ecstasy

Favorisce l'amore, la compassione, la sincerità, il senso di verità, la profondità di sentimenti, il senso di espansione e l'unione universale, il servizio e la generosità. Stimola l'empatia con tutte le creature viventi, può risolvere situazioni di rigidità, contrazione e amarezza, dissolve la gelosia, la carenza d'affetto e di nutrizione psichica, l'ipercriticismo, la sfiducia, l'irritabilità.

Aiuta a temperare critica, egoismo, attaccamento, gelosia, senso di superiorità, razionalità e distacco. Ci sono momenti nella vita in cui sentiamo amore per tutte le persone, per tutte le cose, la vita ci sembra bellissima, la terra un luogo meraviglioso dove nulla può essere sbagliato. In questo caso il nostro quarto chakra sta funzionando bene, siamo in empatia col mondo e con la vita, pieni d'amore. Altre volte non è così: non sentiamo amore, né per esseri umani, né per la vita, siamo gelosi, egoisti, ci attacchiamo a chi o a cosa ci dà sicurezza, non ci piace il contatto con la gente e vorremmo stare da soli, chiuderci in casa e non parlare con nessuno dei nostri problemi o dei loro.

Quando il flusso di energia nel quarto chakra è bloccato, le emozioni si raggrinziscono, ci si chiude, si diventa freddi, distaccati e insensibili. Magari abbiamo subito un dolore, una perdita, un dispiacere, siamo lacerati ed in crisi, il nostro partner ci ha traditi o abbandonati; noi ci difendiamo chiudendoci, sperando in questo modo di non soffrire mai più così. Ma a un certo punto scopriamo che non è così, che stiamo perdendo fra le più alte qualità umane, quelle dell'amore e della speranza.

Ecstasy favorisce l'amore, la compassione, la sincerità, il senso di verità, la profondità di sentimenti, il senso d'espansione e l'amore universale, il servizio e la generosità. Stimola l'empatia con tutti gli esseri viventi, riduce la rigidità, le contrazioni, l'amarezza, la gelosia, la mancanza d'affetto, l'ipercriticismo, la sfiducia e l'irritabilità. Con Ecstasy l'energia del quarto chakra torna a fluire e con essa le emozioni e l'amore, la gioia, l'apertura, il coraggio di rischiare, la generosità, il servizio verso il mondo. La posologia di assunzione delle essenze, pure o diluite, e è di due gocce sotto la lingua più volte al giorno.

Ecstasy non è consigliabile a chi ha già tendenza a essere debole e influenzabile, perché questo lato del carattere verrebbe potenziato.

Fiori Californiani associati al quarto chakra

I Fiori Californiani estendono i Fiori di Bach.
Richard Kats e Patricia Kaminski, fondatori della FES (Flower Essence Society), insieme al lavoro di altri ricercatori hanno scoperti più di 150 fiori a partire dal 1979. Lavorano su problematiche specifiche più moderne e attuali e che al tempo in cui Bach è vissuto non erano così preponderanti o non se ne parlava ancora come oggi: l'anoressia e la bulimia, i disturbi sessuali, le malattie derivate dall'inquinamento ambientale. E' possibile creare delle essenze composite unendo Fiori di Bach e Californiani, così come essenze di altri repertori floriterapici di altre parti del mondo. I rimedi floreali californiani si preparano nello stesso, semplice modo dei fiori di Bach, ponendo le corolle di fiori selvatici in una ciotola di vetro piena d'acqua di sorgente e lasciandoli in infusione al sole per qualche ora. Questo liquido, ricchissimo di forza vitale, viene poi filtrato, diluito in brandy e utilizzato per la preparazione delle cosiddette stock bottles (o concentrati).
La scelta delle essenze, come avviene per i fiori di Bach, é sempre personalizzata e in relazione allo stato d'animo e alle emozioni che si vogliono riequilibrare. Una volta scelto il rimedio o i rimedi indicati per il problema personale, si versano due gocce di ciscuno in una boccettina con contagocce da 30 ml., riempita con acqua minerale naturale e due cucchiaini di brandy come conservante.

Il dosaggio è di 4 gocce 4 volte al giorno, per un periodi di alcune settimane o comunque fino al miglioramento o alla scomparsa dei sintomi.

Essendo una cura del tutto naturale e priva di tossicità, non presentano alcuna controindicazione, non provocano effetti collaterali, possono essere combinati senza problemi sia ai farmaci tradizionali sia a quelli omeopatici (di cui sono considerati complementari) o ad altri rimedi floriterapici.

Bleeding Hearth

Questa è l'essenza per chi deve apprendere la lezione spirituale dell'amore e della libertà.
E' per chi investe completamente i sentimenti su un'altra persona e quando quest'ultima non è più presente si trova inondato di angoscia. Tendenza a creare rapporti basati sulla paura, sulla possessività affettiva, o sulla dipendenza reciproca, incapacità di amare in modo incondizionato. Angoscia per le relazioni finite o per la morte del proprio partner quando si è vissuto in simbiosi. Questo intenso bisogno di legarsi, viene spesso vissuto dal partner come una dipendenza emotiva, provocandogli il bisogno di distacco, poiché un rapporto così dipendente è privato della libertà vera e di uno scambio equilibrato. Questa essenza fornisce il supporto energetico per accettare la fine di una relazione o la perdita di una persona cara.
Favorisce l'apertura del chakra del cuore dando così la possibilità di lasciare fluire un sentimento in modo libero e totale, gratuito e incondizionato.
La persona amata non viene più vissuta come una proprietà che si teme di perdere e così ci si libera dalla dipendenza affettiva ed emotiva.
Si tratta di individui che si trovano prigionieri di legami, attaccamenti e lacci emozionali simbiotici dai quali non possono, né riescono a separarsi benché lo vogliano. Hanno personalità dipendenti e insicure nei loro vincoli affettivi, ma sono anche molto possessivi.
Molte di queste persone possono avere un carattere egocentrico ed eccessivamente centrato su loro

stessi e tendono a discriminare molto ciò che è proprio e cosa è altrui. Il problema centrale di questi soggetti è la natura patologica delle relazioni che stabiliscono e la poca capacità di tollerare la frustrazione. L'essenza aiuta a separarsi da relazioni possessive, dà libertà nell'amore, permette la crescita del compagno nella libertà.
Dà sicurezza e disinteresse, accettazione e distacco. Aiuta a elaborare e ad affrontare il vissuto doloroso delle prime delusioni amorose.
Dà la capacità di imparare a non dipendere emozionalmente dagli altri.
Con l'essenza floreale Bleeding Heart l'individuo impara a riempire se stesso dall'interno con forti energie spirituali, in modo che la capacità di amare l'altro si basi sulla capacità di rispettare di alimentare l'Io.

Borage

Per le depressioni affettive.
Chi ha vissuto un grande dolore di cuore e ora sente l'oppressione al petto, un peso al cuore per pene d'amore. Riporta serenità, buon umore e voglia di vivere, lenisce il dolore.
Dona il coraggio di andare avanti nelle situazioni difficili avendo fiducia in se stessi (una volta la pianta era chiamata Corago, invece di Borago, riferendosi appunto al coraggio associato a essa).
Quando il nostro cuore diventa troppo pensante e triste, noi ci scoraggiamo, ci sconfortiamo.
Questa essenza aiuta a ritrovare la leggerezza del cuore, a provare vivacità e leggerezza, riempiendo la persona di energie, di ottimismo. E' utile anche nelle crisi di mezza età quando c'è un sentimento angoscioso e sgomento profondo e inespresso per ciò che non si è riusciti a raggiungere. Utile per lenire il dolore provocato da un aborto. In menopausa quando la fine del ciclo provoca angoscia perché non si può più concepire o quando non si trova un compagno. Nel lutto, per superare il dolore dei sentimenti che opprimono il cuore, dovuti alla morte o alla morte incombente della persona amata. Dissipa il pessimismo, la malinconia e tutti gli stati depressivi conseguenti a esperienze affettive logoranti. Attenua le tensioni emozionali e mentali riportando il buonumore, la speranza e la voglia di vivere. Inoltre agisce come depurativo delle tossine prodotte dagli stati d'animo negativi.

La lezione da imparare è affrontare le sofferenze e le disgrazie della vita con forza e coraggio.

L'essenza floreale Borage aiuta il cuore a provare questa vivacità e leggerezza, riempiendo l'individuo di energie, di ottimismo ed entusiasmo, è un eccellente balsamo per tutti gli usi e un tonico da usare in molti composti, quando la persona necessita di sollevarsi e di incoraggiamento.

Oregon Grape

La persona si sente perseguitata è sempre sulle difensive e gli altri lo isolano per i suoi atteggiamenti. Questo lo porta in uno stato di solitudine. Oregon Grape è indicato per le persone piene di paranoie; esse vedono l'ostilità e la slealtà nel mondo e nelle persone che le circondano.

Questi modelli sono stati appresi durante l'infanzia dalla famiglia o dall'educazione e non sono stati sanati; al contrario, si imputridiscono nell'animo e continuano a infettare tutti i rapporti umani e le situazioni sociali. Sfortunatamente, l'individuo oppresso da questo stato dì paranoia crea proprio la realtà che egli proietta, dato che chi viene trattato in maniera ostile o diffidente, generalmente reagisce adottando lo stesso atteggiamento.

Oregon Grape è adatto a molti usi, ma è indicato soprattutto per la tensione e il malanimo che predominano in molti ambienti cittadini. Con Oregon Grape l'individuo impara a spezzare i modelli di diffidenza che ha alle spalle. Si rende conto che può, invece, cogliere le intenzioni positive degli altri e creare situazioni che generano bontà e comprensione amorevole.

Trillium

Per chi, ricco o povero che sia, ha una ambizione sfrenata e pensa che la felicità possa essere accessibile solo attraverso i beni materiali. Ricade così in forme di avidità e bramosia di potere.

L'essenza del fiore Trillium è un depuratore e un equilibratore molto efficace per il centro di energia più basso, definito il chakra della sopravvivenza (di base). La persona che ha bisogno di Trilliurn ha una quantità sproporzionata di energia diretta a raggiungere potere e ricchezza personali.

Questo eccessivo interesse per il benessere personale domina su tutti gli altri sentimenti più altruistici. Tale persona cade facilmente in preda alle forze del materialismo e dell'avidità, sentendo il bisogno di avere molti possedimenti e altre forme di ricchezza e potere materiale. Trillium può anche essere indicato per chi è povero, ma crede che l'acquisizione di ricchezza e potere porti un appagamento. Questo squilibrio dell'animo si può riflettere anche nel corpo, specialmente quando il corpo ritiene troppa materia e non elimina a sufficienza le tossine. A livello più profondo, tali individui sono scollegati dalla loro forza spirituale; essi cercano di superare il senso inconscio di impotenza esercitando il potere sociale e materiale. Poiché la loro consapevolezza è limitata al piano fisico, tali individui possono misurare il proprio valore personale solo con un metro materiale.

Trillium sprona questi individui a spostare la loro consapevolezza verso un livello che va oltre il personale, a trarre un senso di benessere personale dal rapporto con il potere superiore.

Una volta che le forze contenute nel chakra inferiore vengono purificate e liberate, tali persone avranno una grande capacità di impossessarsi delle forze spirituali e di metterle a disposizione degli altri e della Terra.

Fiori Australiani associati al quarto chakra

I Fiori Australiani Bush (Australian Bush Flower Essences) sono a oggi 69 più 19 Essenze create dalla combinazione di Fiori Australiani e sono stati introdotti da Ian White, biologo e psicologo australiano. Non sono ancora molto conosciuti e utilizzati in Italia dal grande pubblico, ma sono molto apprezzati dai Floriterapeuti e troviamo Fiori Australiani inseriti in molti complessi fitopreparati e omeopatici. Sono tra i fiori più potenti e di largo impiego dopo i Fiori di Bach, hanno un'energia molto elevata, una delle più alte tra i rimedi floreali. Gli Aborigeni australiani hanno sempre utilizzato i Fiori per trattare i disagi o gli squilibri emozionali, così come avveniva nell'antico Egitto, in India, Asia e Sud America.

La dose, sia per gli adulti sia per i bambini, consiste in sette gocce da assumere due volte al giorno (mattina e sera) sotto la lingua, o in un poco di acqua. Le essenze dovrebbero essere assunte per circa venti giorni o un mese, eccezion fatta per essenze particolarmente potenti.

Essendo una cura del tutto naturale e priva di tossicità, non presentano alcuna controindicazione, non provocano effetti collaterali, possono essere combinati senza problemi sia ai farmaci tradizionali sia a quelli omeopatici (di cui sono considerati complementari) o ad altri rimedi floriterapici. Si può preparare un solo rimedio (la cui azione sarà allora particolarmente "mirata", profonda e veloce), oppure miscelare tra loro rimedi diversi; in questo caso é consigliabile non superare le 4 o 5 essenze e, se possibile, cercare di scegliere fiori dalle proprietà tra loro affini e sinergiche per trattare un problema specifico.

I fiori australiani sono molto efficaci anche in applicazione cutanea e possono essere aggiunti a creme, gel, oli per il massaggio, pomate medicate oppure diluiti nell'acqua del bagno. Per un trattamento topico la quantità consigliata è di circa 7 gocce di ciascun rimedio scelto, da amalgamare in mezza tazzina di crema; nella vasca da bagno vanno invece versate 15–20 gocce di ogni essenza.

La durata del trattamento dipende sempre dalla risposta individuale. Spesso si ottiene una reazione positiva in circa due settimane e mediamente due mesi sono sufficienti per riequilibrare numerose problematiche psicofisiche. Alcuni fiori particolarmente "potenti" (come, per esempio, Waratah) esercitano di solito un'azione molto rapida, anche in pochi giorni. Molte volte, dopo aver risolto un disagio o un conflitto interiore, possono emergere altri squilibri emozionali, che andranno via via trattati con i fiori corrispondenti.

Illawara Flame Tree

E' indicata per quelle persone che si sentono rifiutate, lasciate in disparte, non amate.
Per chi ignora le proprie potenzialità e ha paura delle responsabilità. Sono persone che sanno cosa devono fare, ma si sentono oppressi dalla responsabilità di farlo. Il fiore dona auto-accettazione, fiducia in se stessi e forza interiore.
Quando il rifiuto, immaginario o reale, viene manifestato, la persona ne risulta profondamente ferita, con una sensazione di abbandono. Per evitare possibili rifiuti fanno cose che non vorrebbero fare. Sanno di possedere certe abilità, ma non sono in grado di svilupparle o sfruttarle.
Ignorano le proprie potenzialità, rendendosi esenti dalla responsabilità di applicarle a se stessi.
L'essenza aiuta a fare il promo passo verso la realizzazione del proprio potenziale, fa prendere confidenza con le vere aspirazioni della vita senza sentirsi schiacciati dalla responsabilità.
Sono persone che tendono anche a rifiutare se stesse cadendo, a volte, in uno stato di depressione.
Ottimo per i bambini perché può essere di aiuto in situazioni di esclusione, come dalla squadra di calcio o dal gruppo dominante oppure che vengono inseriti in una nuova scuola dove, se insegnanti e compagni non gli prestano molta attenzione, vivono questa situazione come un rifiuto e invece di cercare di fare amicizia, si scoraggiano.
Questi soggetti sono caratterizzati da una particolare caratteristica psicologica in cui l'autoemarginazione, la sofferenza di fronte al

rifiuto e la paura della responsabilità formano la struttura centrale del quadro. Un altro tratto caratteristico è l'intensa apprensione alle nuove situazioni o esperienze. Senza dubbio, queste personalità sono molto insicure e costantemente bisognose di essere amate e accettate. Soffrono molto di essere lasciate fuori da una situazione, che sia generata da qualcosa di estremo o semplicemente trattarsi semplicemente di un fatto irrilevante della vita alla quale nessuna altra persona darebbe importanza. Tanto la condotta apprensiva che la paura all'esclusione li portano a sviluppare un comportamento pregiudicato con la gente, benché in realtà questo atteggiamento sia una difesa davanti al dolore profondo che hanno causato le delusioni affettive, gli abusi la mancanza di essere presi in considerazione.

La funzione principale di quest'essenza è dare fiducia, capacità di compromesso, forza interna, auto-approvazione. Aiuta ad affrontare il primo passo in situazioni nuove e toglie la paura dell'esclusione e del rifiuto. Questo fiore lavora molto bene in situazioni in cui esistono difficoltà e paure a farsi carico di responsabilità nuove, come la paternità, il matrimonio, ecc.

Utile anche nella menopausa dove ci si può sentire svalutati, con la sensazione di non essere desiderabili e per questo essere respinte.

Fiori di Bach associati al quarto chakra

I fiori di Bach - o rimedi floreali di Bach - sono una medicina alternativa ideata dal medico britannico Edward Bach, nato il 24 settembre 1886 a Moseley da una famiglia Gallese in Inghilterra. Si laureò in medicina nel 1912 e da subito lavorò al pronto soccorso dell'ospedale universitario dove iniziò a farsi notare per la gran quantità di tempo che dedicava ai pazienti. Fu subito critico nei confronti degli altri medici, in quanto studiavano la malattia come se fosse separata dall'individuo, senza concentrarsi sui malati stessi. E' risaputo che i nostri stati emotivi hanno una profonda influenza sul nostro benessere e sulla nostra salute. Uno stato emotivo alterato che si ripete ogni giorno crea delle vere e proprie disfunzioni del nostro organismo.
Il 90% delle cause delle malattie dell'uomo proviene da piani che si trovano al di là di quello fisico, ed è su questi piani che i sintomi cominciano a manifestarsi, prima che il corpo fisico mostri qualche disturbo. Se riusciamo a individuare gli stati d'animo negativi che affiorano quando ci ammaliamo, possiamo combattere meglio la malattia e guarire più in fretta. Usando i rimedi floreali si tenta di influire sulle strutture più profonde, dalle quali la malattia ha origine. I Fiori di Bach riequilibrano le emozioni. Si rivolgono solo ed esclusivamente a come reagiamo emotivamente alle vicissitudini, alle esperienze e ai problemi nelle nostre giornate. Donano una grande serenità e pace, coraggio o forza, aiutano a sentirci nel pieno delle nostre possibilità.

Possono essere utili a fronte di una malattia, non dal punto di visto fisico ma proprio come sostegno dell'umore. La persona è vista come un individuo completo dove le emozioni sono un punto cardine, e non solo come corpo fisico con dei sintomi. Bisogna quindi analizzare lo stato emozionale e non i sintomi fisici, in base a questo si trovano i rimedi adatti. Infatti soggetti con identici problemi fisici, reagiscano e vivono con emozioni e sentimenti differenti. I fiori di Bach non hanno controindicazioni e non interagiscono con i farmaci.

Bach ha così suddiviso i 38 fiori dai quali si traggono i rimedi. I primissimi fiori scoperti da Bach furono i cosiddetti "12 Guaritori", che il medico gallese iniziò prontamente a sperimentare prima su se stesso e poi sui suoi pazienti; gli altri 26 vennero scoperti poco tempo dopo, divisi in "7 Aiuti" e "19 Assistenti". Il Dr Bach abbandonò in seguito la distinzione tra "Guaritori", "Aiutanti" e "Assistenti" ritenendola superflua, ma molte persone nel mondo continuano a utilizzarla ugualmente. I Fiori di Bach non aiutano a reprimere gli atteggiamenti negativi, ma li trasformano nel loro lato positivo. I Fiori di Bach associati al secondo chakra lo sono solo a titolo generale, perché i fiori vanno comunque scelti basandosi sull'emozione non in armonia che va equilibrata.

Agrimony

Appartiene alla categoria dei "Guaritori".
Agrimony è per tutti coloro che hanno paura di mostrare i propri sentimenti, sempre sorridenti, portano spesso la maschera delle persone giulive, anche quando soffrono. Usano sostanze stimolanti quando hanno dei problemi che li assillano.
In Agrimony la tensione, l'ansia interna non viene manifestata con gli altri. Ciò che preoccupa viene tenuto nascosto e mascherato con la voglia di ridere a tutti i costi. Talvolta le persone di tipo Agrimony fanno uso di alcool o sostanze stimolanti per cercare di mantenere questa facciata di serenità. Solitamente non amano la solitudine, trovando più difficile indossare questa maschera quando si trovano da soli con se stessi.
Al contrario cercano di contornarsi sempre di amici, di feste e di luci accecanti. Tuttavia di notte, quando si ritrovano soli con i propri pensieri, quella tortura mentale che erano riusciti a reprimere così bene torna inesorabilmente a tormentarli. Il rimedio Agrimony aiuta le persone che hanno un tratto del carattere di questo tipo ad accettare i lati più oscuri della vita e della propria personalità e a venire a patti con essi, in modo da diventare degli esseri umani più completi, senza perdere il senso dell'umorismo, ma riuscendo a ridere dei propri problemi per risolverli piuttosto che per nasconderli.

Stati d'animo e sintomi collegati ad Agrimony in ordine di importanza:

- Allegria forzata
- Ansia nascosta dall'allegria
- Ansia e timore
- Ansia per cui si mangia anche di notte
- Tendenza a evitare le discussioni
- Ansia localizzata nel petto
- Fame nervosa
- Conflitti interiori nascosti
- Paura delle discussioni
- Oppressione al petto
- Si mangiano le unghie
- Digrignare i denti nel sonno

Per preparare il rimedio floreale si colgono i fiori appena aperti o in bocciolo, prima che li abbiano visitati api o altri insetti, e si preparano con il metodo del sole tra giugno e agosto.

Centaury

Appartiene alla categoria dei "Guaritori".
Centaury è il rimedio per le persone che trovano difficile dire di no agli altri. Esse sono d'animo buono e gentile e amano aiutare il prossimo. A volte però, delle persone senza scrupoli ne approfittano e l'individuo Centaury si ritrova, suo malgrado, schiavo dei desideri e della volontà altrui. Il rimedio Centaury non rende insensibile la personalità Centaury, ma piuttosto aiuta questo tipo di persone a sviluppare coraggio e autodeterminazione in modo da essere in grado di dire basta al momento giusto e di non sottomettersi ai desideri e agli ordini degli altri.
La mancanza di capacità di imporsi con le proprie opinioni e con le proprie esigenze rende deboli, anche fisicamente. Spesso si è le crocerossine e dietro questa grande voglia di aiutare gli altri si nasconde la propria incapacità di farsi valere per poi lamentarsi che ci sente sfruttati. Questo stato d'animo può nascere in svariate situazioni: verso un figlio, nei confronti del partner, del genitore, oppure come debolezza verso un vizio: come per la sigaretta, il dolce, il cibo, i vestiti costosi, le auto di lusso, gli stupefacenti, il gioco d'azzardo, il sesso.
L'essenza aiuta la volontà e il rispetto di sé, dona energia, permette di riuscire ad affermare la propria personalità e di avere un atteggiamento equilibrato nei confronti degli altri, dona la capacità di donare ma senza esserne sopraffatti. La nuova autodeterminazione ridarà vitalità e gusto per la vita.

Con Centaury si conoscono i propri valori e i propri bisogni. Si è capaci di integrarsi con gli altri, ma nel rispetto della propria unicità. La persona con questa indole acquisterà energia, diventerà più determinata e riuscirà a esprimere il proprio parere in caso di necessità.

Stati d'animo e sintomi collegati a Centaury in ordine di importanza:
- Non si è capaci di dire di no, anche al cibo in casi di fame nervosa
- Bisogno di conferma altrui con eccessiva disponibilità verso gli altri
- Eccesso di amore che fa dimenticare i propri interessi
- Esagerata cura del bene altrui
- Altruismo che porta a sentirsi sfruttati
- Altruismo come abnegazione
- Scarsa stima perché si tende a servire gli altri
- Ansia di piacere agli altri
- Mancanza di forza decisionale
- Assecondare il prossimo
- Ansia di piacere
- Paura delle discussioni
- Altruismo esagerato
- Timidezza con scarsa individualità

La preparazione per il rimedio floreale segue il metodo del sole, avendo cura di cogliere le infiorescenze (senza toccarle) da più piante possibili e mettendole poi dentro una bacinella di acqua pura fino a coprirne la superficie.

Tra maggio e settembre presenta fiorellini a forma di stella a cinque petali, con la corolla a tubo e in mazzetti di colore rosa o rosso. La raccolta avviene da giugno ad agosto.

Holly

Appartiene alla categoria degli "Assistenti".
Chi ha bisogno di questo fiore è una persona che si arrabbia facilmente, urla, offende ed è aggressiva, per qualsiasi cosa scatta con violenza e questo può accadere in qualsiasi luogo: in un bar, al ristorante, in auto, per strada; ha sempre reazioni eccessive rispetto alla circostanza. Nello stato ultra negativo oltre ad arrabbiarsi facilmente, perde completamente i lumi della ragione rompendo qualsiasi cosa, se per esempio il computer dà problemi è capace anche di distruggerlo, insomma si scaglia su qualsiasi cosa solo perché non può reagire e quando subisce un torto da una persona gli si scaraventa addosso come una furia.
Lo stato "negativo" di Holly blocca in se stessi e si vede il mondo esterno solo come fonte di imbrogli contro noi stessi creando astio e gelosia.
Holly permette di rilassarsi aprendosi con fiducia verso gli altri. La persona con questa indole sarà più pacifica, il rimedio floreale calma e non fa più perdere i lumi della ragione con tanta facilità; trasforma la rabbia in amore. Con Holly si vive nell'amore, senza tensioni ma con la chiarezza e la comprensione necessaria per amare.
Molto spesso si pensa a Holly come al Rimedio per la collera, ma non è necessariamente così. Il Rimedio Holly viene usato per la collera quando essa è un accompagnata da odio, sospetto, invidia o gelosia. In altri casi di collera sono necessari altri rimedi, come ad esempio Impatiens, quando la collera è causata dall'impazienza, Vervain, quando

è causata da un senso d'ingiustizia, oppure Chicory quando la persona è arrabbiata perché si sente offesa e ferita dall'ingratitudine degli altri.

Stati d'animo e sintomi collegati a Holly in ordine di importanza:
- Gelosia morbosa
- Rancore con astio
- Astio
- Assenza di amore verso il prossimo
- Invidia manifesta
- Gioia per i problemi altrui
- Rabbia con odio
- Vendetta
- Crudeltà verso gli altri
- Aggressività a causa di gelosia
- Amarezza a causa di delusione
- Assenza di amore che porta a sentirsi soli
- Rabbia espressa

Il rimedio floreale viene preparato con il metodo della bollitura, usando le cime dei rami con fiori sia maschili sia femminili e qualche foglia nuova.

Walnut

Appartiene alla categoria degli "Assistenti".
Chi ha bisogno di questo fiore si trova in una situazione di cambiamento della vita oppure si trova in una condizione in cui non ha la forza per cambiare, tipo: matrimonio, divorzio, nuovo lavoro, cambiamenti climatici, pensionamento, menopausa, lutto, gravidanza, vacanza, nuovo partner. L'assunzione di Walnut quando si vive un cambiamento facilita l'adattamento scoprendo nuove risorse per vivere facilmente la nuova situazione. E' anche utile per coloro che risentono delle tensioni dell'ambiente circostante e che tendono a farle proprie. Indicato anche per chi soffre di meteoropatia (sintomi legati a fattori meteorologici). Walnut aiuta a rompere i legami col passato permettendo così di continuare il proprio cammino con sicurezza e senza eccessiva sofferenza. Con Walnut si è protetti nei cambiamenti, ci si sente sicuri e ogni nuova fase è vissuta con facilità.

Stati d'animo e sintomi collegati a Walnut in ordine di importanza:
- Per favorire qualsiasi genere di cambiamento
- Menopausa
- Ipersensibili ai cambiamenti
- Fasi di cambiamento
- Pubertà.

Numero del quarto chakra

Il 12 è il numero del quarto chakra.
Viene considerato il più sacro tra i numeri, insieme al tre e al sette. Il dodici è in stretta relazione con il tre, poiché la sua riduzione equivale a questo numero (12 = 1 + 2 = 3) e poiché è dato dalla moltiplicazione di 3 per 4.
Dodici è il numero Tre in una ottava maggiore e indica un gran livello di comprensione e saggezza. La maggior parte della sua esperienza deriva dall'esperienza di vita, che permette a un senso di calma di prevalere anche nelle situazioni più turbolente.

- Viene considerato il più sacro tra i numeri, insieme al tre e al sette.
  Il dodici è in stretta relazione con il tre, poiché la sua riduzione equivale a questo numero (12 = 1 + 2 = 3) e poiché è dato dalla moltiplicazione di 3 per 4.

Dodici era molto significativo nella vita umana antica per il fatto delle dodici tribù di Israele, dei dodici discepoli che seguivano Gesù, dei dodici segni zodiacali e delle dodici ore in cui è diviso un orologio. Il Dodici possiede un significato esoterico molto marcato in quanto è associato alle prove fisiche e mistiche che deve compire l'iniziato. Superate le prove induce ad una trasformazione, in quanto il passaggio si compie su prove difficili, le uniche che portano ad una vera crescita. In molte culture i riti iniziatici si compiono all'età di Dodici anni, dopo di che si entra in un'età adulta. In più sistemi numerici e di misura antichi erano basati su Dodici, ne sono esempio la dozzina, lo scellino (12 pence) il piede (che misura 12 pollici). È un numero sublime; in matematica, un numero sublime è un numero intero positivo che ha un numero perfetto di divisori positivi (incluso sé stesso), e i cui divisori positivi si possono sommare fino ad ottenere un altro numero perfetto.

Il numero 12 è un numero sublime in quanto ha un numero perfetto di divisori positivi (6): 1, 2, 3, 4, 6, e 12, e la somma di questi dà ancora un numero perfetto: $1 + 2 + 3 + 4 + 6 + 12 = 28$.

Questo numero ha senza dubbio una grande importanza nei testi delle Sacre Scritture e anche per Israele. Il dodici contiene un grande valore simbolico, non solo perché sottende una sua origine spazio-temporale, probabilmente derivata da altre culture come quella babilonese (in cui, per esempio, il numero rappresentava l'universo nella sua complessità interna: il duodenario che caratterizza l'anno, e lo zodiaco; il dodici indica la pienezza dell'anno, composto di dodici mesi), ma anche e soprattutto perché rappresenta il numero dell'elezione, quello del popolo di Dio.

- I dodici figli d'Israele-Giacobbe sono gli antenati eponimi delle dodici tribù d'Israele. Inoltre, nel libro dei Numeri, si legge che furono presentate le offerte per la dedicazione all'altare, a partire dal giorno in cui esso fu unto (cioè consacrato): ogni giorno che seguì, fino al dodicesimo, fu presentata un'offerta da parte di un rappresentante di ciascuna delle tribù d'Israele.

Nel libro primo libro delle Cronache vengono presentate le classi sacerdotali, dove si elencano 24 sacerdoti che devono prestare il loro servizio. Tale numero che si spiega in riferimento a un calendario di tipo lunare, poi non sarà lo stesso in altre epoche. In effetti, i multipli del dodici non avranno grande rilevanza come invece nel Nuovo Testamento. Piuttosto rivestirà maggiore attenzione il numero sette (la settimana) con i suoi multipli. Il dodici, e non i suoi multipli, rimane fondamentale anche in senso escatologico: in modo prospettico, Ezechiele immagina nella nuova Gerusalemme una grande cinta muraria con dodici porte, lo stesso numero quindi delle tribù d'Israele, adesso disperse a causa dell'esilio e della distruzione del tempio per mano dei babilonesi. Ogni porta avrà, infatti, il nome di ognuna delle tribù d'Israele. Non è un caso che Ezechiele dica che la città di Gerusalemme così come l'ha vista in visione, che sarà dunque destinata a tutte le tribù disperse, si chiamerà "Là è il Signore", cioè, è là, all'interno di quelle mura e attraverso quelle dodici porte, che i figli d'Israele dovranno riunirsi. Proprio perché il numero dodici è quello dell'elezione d'Israele, che appunto si compone di dodici tribù, le prime comunità cristiane hanno preso lo stesso numero per indicare l'elezione degli apostoli da parte di Gesù, e i suoi multipli per mostrarne la sua dinamicità in rapporto all'umanità intera.

Esercizi fisici

Esercizio 1

Fate qualche esercizio di rilassamento scuotendo le braccia e le gambe.
Sedete sul pavimento con la schiena eretta e quindi effettuate per alcuni minuti la respirazione alternata.

Esercizio 2

Assumete la posizione del quadrupede ed eseguite per 7 volte l'esercizio "groppa del cavallo / schiena arcuata del gatto".

Esercizio 3

Sdraiatevi in posizione prona, con la fronte a contatto con il suolo, le braccia lungo il corpo.
Poi incrociate le mani dietro la schiena all'altezza delle natiche.
Inspirando sollevate leggermente la testa e lo sterno e portate le spalle un po' all'indietro in modo da far distendere lo sterno.
Da questa posizione respirate profondamente 2 volte poi allentate la tensione.
Ripetete l'esercizio 3 volte.

Esercizio 4

La posizione delle dita per questo esercizio respiratorio è diversa per gli uomini e per le donne.

Le donne congiungono pollice e anulare della mano sinistra e pollice e medio della mano destra, gli uomini viceversa.
Chiudete gli occhi e rilassatevi, inspirate e pronunciate espirando il mantra "yam".
Ripetete l'esercizio 7 volte concentrandovi sul chakra del cuore.

Esercizio 5

Sdraiatevi in posizione supina, chiudete gli occhi, posate le mani con i palmi in basso sul cuore, la destra sopra la sinistra.
Respirate sempre più profondamente immaginando di ricevere, inspirando, l'energia del cosmo e farla scorrere, espirando, nel centro del petto.
Immaginate l'energia di colore verde chiaro, percependola che irradi tutto il vostro corpo entrando dal cuore.
Ripetete almeno 7 cicli respiratori, poi riabbassate le mani a terra e rilassatevi.

Pietre consigliate per il 4° Chakra

In cristalloterapia si considerano pietre del 4° Chakra quelle il cui colore è verde e rosa.

In cristalloterapia si considerano due zone di lavoro differenti, a seconda che si intervenga per liberare da dolori repressi o che si agisca per sviluppare la capacità di amare, dal livello umano a quello spirituale.

Nel primo caso si utilizzano pietre di colore verde di qualsiasi tipo di lucentezza o trasparenza.

La pietra di frequenza base più rappresentativa è l'Avventurina, mentre la pietra di frequenza avanzata più rappresentativa è il Crisoprasio.

In questo caso la zona di posizionamento delle pietre è la base dello sterno o il diaframma, dove le costole si allargano e inizia la cavità addominale.

Se invece si agisce per sviluppare la capacità di amare, la pietra di frequenza base più rappresentativa è il Quarzo rosa, mentre la pietra di frequenza avanzata più rappresentativa è la Kunzite. In questo caso la zona di posizionamento delle pietre è il centro del petto, a livello del cuore.

I cristalli che possono riequilibrare il secondo chakra sono amazzonite, avventurina, calcedonio, calcite verde, quarzo rosa, smeraldo, malachite, spinello verde, tormalina verde, unakite kunzite. Sentitene l'energia che passa attraverso il chakra sacrale mentre la tenete in mano o la portate tramite anello o collana. Non bisogna acquistarle tutte, basta scegliete le pietre che si preferiscono o delle quali si è già in possesso.

Amazzonite

Della pietra amazzonite non è ben chiaro da dove derivi il nome. Alcune fonti dicono che il termine amazzonite deriva dal nome del Rio delle Amazzoni, anche se non è mai stato trovato lì nessun giacimento, altre invece sostengono che il suo nome è in onore di mitiche donne guerriere, le Amazzoni, il cui colore preferito era il verde.
Le proprietà dell'amazzonite vengono utilizzate per la creatività artistica e la guarigione energetica.
Si tratta di una ottima pietra per la comunicazione, la fiducia e la leadership. Riduce i comportamenti autolesionisti, aumenta il rispetto di sé, la grazia, sicurezza di sé con la comunicazione esterna.
I benefici dell'amazzonite sono calmanti per il sistema cerebrale e nervoso, contribuendo a filtrare le informazioni e combinarlo con l'intuizione naturale per migliorare la comprensione, e per migliorare la propria capacità di cooperare con gli altri, oltre per la capacità di esprimere se stessi.
L'amazzonite è collegata con energie materiali.
Ottima pietra di protezione della propria casa e delle energie ambientali, e per il rafforzamento energetico di oggetti o talismani. Si suggerisce di utilizzare l'amazzonite in combinazione con Atlantisite, Giada e la Calcopirite.
Considerata una pietra portafortuna, soprattutto dai giocatori, l'Amazzonite ha la grande facoltà di calmare gli sbalzi d'umore dell'animo, fungendo quindi da tranquillante. Inoltre accresce enormemente il potere decisionale, rendendo la persona che la indossa più sicura e libera da paure

provenienti dal mondo esterno. Per questo infonde un forte senso di sicurezza e contemporaneamente, aiuta a coltivare un profondo e persistente spirito di fiducia sia in se stessi sia negli altri.

Conseguenza di ciò è la gran facilità a creare e condurre intensi rapporti interpersonali.

L'Amazzonite, in pratica, da un forte equilibrio alle energie Yin e Yang. Le sue facoltà terapeutiche sono molteplici: adatta per alleviare mal di gola e affezioni delle vie respiratorie in genere; ben si addice alle donne in stato di gravidanza e a chi, a causa dello stress quotidiano, avverte i primi sintomi di un esaurimento nervoso.

Ma le sue proprietà non finiscono qui: ha proprietà rilassanti per i muscoli, soprattutto dopo aver compiuto grandi sforzi, aiuta il fegato a metabolizzare alimenti di difficile assorbimento e, in generale, aiuta il rilassamento di tutto il corpo, alleviando il senso di stanchezza.

A livello endocrino e ormonale armonizza le funzioni dell'ipofisi e del timo mentre a livello neuronale, regolarizza il sistema vegetativo.

Secondo un'antichissima leggenda, tramandata dagli Indios dell'Amazzonia, questa pietra proveniva da una località denominata "Terra delle Donne". Ancora oggi, infatti, si ritiene che l'Amazzonite abbia la capacità di rendere più belle e attraenti le donne che la indossano.

Avventurina

Il suo nome significa "ventura" (per caso) derivante da un vetro molto simile scoperto per caso, appunto, nel XVIII secolo nella città di Venezia. L'avventurina è stata usata per diversi secoli nella realizzazione di gioielli, vasi e altri pezzi ornamentali. Sono stati ritrovati nella valle dell'Omo in Etiopia, strumenti primitivi di avventurina utilizzata come punte e asce, datati di circa 2 milioni di anni.

L'avventurina verde è paragonabile al quadrifoglio porta fortuna: viene spesso inserita in sacchetti da tenere vicino per portare abbondanza e buona fortuna in denaro. L'avventurina viene usata anche in incantesimi e magia rituale.

La pietra ha la capacità di migliorare il senso di umorismo e allegria del suo utilizzatore. E' anche un'ottima pietra di bilanciamento, dona equilibrio interiore e stimola i sogni. Ha un effetto positivo sulla psiche, rafforzando un senso di individualismo, ed è la pietra ideale per chi è alla ricerca di una visione positiva della vita.

L'avventurina è utile nei dei disturbi dei polmoni, del seno e del cuore, e per contribuire ad aumentare la flessibilità muscolare.

Può aiutare a bilanciare le emozioni più interne e sopite (ottima la combinazione con la malachite) ed è una delle migliori pietre da indossare o portare con sé durante i periodi di stress. E' storicamente conosciuta anche per riuscire a tirare fuori il calore della febbre e delle infiammazioni.

Se nell'acqua per il bagno utilizziamo più pietre di avventurina, diventano pietre calmanti per il dolore emotivo e le paure, riuscendo a sciogliere i blocchi nel chakra del cuore. Sul lato spirituale, l'Avventurina è un ottimo aiuto per capire dove si sta spostando la nostra vita e quali scelte si debbano prendere per perseguire il nostro vero cammino. Il Chakra corrispondente è il 4°, quello del Cuore. Per quanto riguarda l'Avventurina Verde, le sue proprietà sono più calmanti e rivolte al sistema nervoso; agisce ottimamente sulla tachicardia e lo stress ed è un buon rimedio per le patologie della pelle dovute a problemi nervosi.

I segni zodiacali associati a questa varietà sono il Toro, il Cancro e il Sagittario.

Quarzo rosa

La pietra quarzo rosa lavorata è stata trovata nella zona un tempo conosciuta come Mesopotamia (l'Iraq di oggi) con pezzi che risalgono al 6000 a.c. Gioielli di quarzo rosa erano realizzati dagli Assiri durante l'arco temporale del 800 - 600 a.c., e si ritiene che gli Assiri insieme con i Romani furono i primi a utilizzare questa pietra come oggettistica ai fini esoterici o di divinazione. I Romani lo utilizzavano anche per fare sigilli come un segno di proprietà. Gli Egizi credevano che, se indossato, avrebbe impedito l'invecchiamento.

- Il quarzo rosa lavora a stretto contatto con il chakra del Cuore e viene, infatti, denominata la Pietra del Cuore: rappresenta l'amore, la bellezza, la pace, e il perdono. Ottima pietra da usare per le meditazioni ponendola sul chakra del cuore e immaginando che, attraverso il respiro, la sua dolce luce rosa diffonda in noi amore, serenità e benessere.

E' una pietra dolce, gentile, una pietra calmante che scalda il centro del nostro cuore. E' in grado di bilanciare le nostre emozioni, dando così la pace interiore e l'armonia. L'energia del quarzo rosa è tra le più rilassanti e favorisce l'empatia, la riconciliazione e il perdono degli altri.
E' in grado di ridurre lo stress e la tensione nel cuore, eliminare la rabbia, la gelosia e il risentimento negli altri, alleviando dai problemi

cardiaci e di disagio connessi alla detenzione di tali emozioni negative in noi. Il quarzo rosa ci aiuta a capire che tutti i cambiamenti della nostra vita sono importanti, anche i cambiamenti più difficili da accettare. Il quarzo rosa può essere utilizzato anche per bilanciare tutti i chakra e per rimuovere l'energia non armonica e sostituirla con energia d'amore. E' capace di allineare da solo i corpi mentale, emozionale e astrale, ecco perché è sempre utile portare con se delle pietre o indossare qualche monile. Un modo rapido di beneficiare delle virtù sensuali e amorevoli del quarzo rosa è quello di bere un elisir di acqua di sorgente con l'essenza della pietra.

Inoltre per promuovere un ambiente calmo e armonioso dove viviamo, è molto indicato avere almeno un pezzo o diversi pezzi sparsi in luoghi strategici, come scrivanie, comodini o mensole.

Smeraldo

Le pietre di smeraldo sono tra le più apprezzate: l'energia di colore verde, che vibra con il chakra del cuore, rende il minerale la pietra del successo e dell'abbondanza. Per incentivare l'allontanamento della negatività, la tradizione vuole che i cristalli di smeraldo naturale siano in grado di stimolare azioni e risultati positivi, fornendo la forza per superare eventuali problemi della vita.
Il colore verde chiaro è presente in natura nell'erba, nelle piante e negli alberi, che emanano proprio l'energia poc'anzi citata. La forza della natura è sempre racchiusa nei minerali di colore verde, esattamente come nel caso dello smeraldo.
Questa pietra, inoltre, ha molte eccellenti qualità ed è solitamente collegata ai nati nel mese di maggio.
È comunemente usata negli anelli di fidanzamento, in quanto presenta forti vibrazioni amorevoli.
Il nome deriva dal greco, appunto "pietra verde". Gli smeraldi sono una varietà del berillo: molto popolari per i gioielli, provengono per lo più da India, Russia, Zimbabwe, Africa, Egitto, Austria, Brasile e Colombia. Il raggio verde di queste splendide pietre incoraggia ad avere rispetto per tutte le forme di vita e per tutta la creazione, vivendo con più amore.
Tutte gli esemplari di smeraldo emettono questa energia e hanno un forte effetto sulle emozioni più profonde. I sentimenti come la compassione, la speranza, la lealtà, la rassicurazione, la gentilezza, la benevolenza, la bontà e l'amore incondizionato

sono connessi a una forma di amore cosmico e spirituale, che abbraccia ogni essere vivente.

Per chi crede nel potenziale delle pietre e nella cristalloterapia, tutte le persone sono "Esseri Divini in un corpo fisico". Eppure molti avvertono dei blocchi nel vivere un'esistenza piena e caratterizzata dall'amore. Lo stress porta a rimuginare ogni giorno sulle proprie sventure; meditare con lo smeraldo può aiutare a migliorarsi, riscoprendosi pieni di amore per se stessi e per gli altri. Inoltre, queste pietre possono placare delle emozioni negative e creare vibrazioni positive, per aiutarti a infrangere gli ostacoli psicologici che fermano i potenziali energetici.

L'utilizzo dello smeraldo avviene anche per alleviare lo stress, migliorare la memoria e facilitare la comprensione. Inoltre, può stimolare l'abbondanza economica. Una nuova prosperità a tutti i livelli può essere il risultato naturale dell'accompagnarsi con lo smeraldo e la sua energia. Portare uno smeraldo in tasca durante il giorno, e tenerlo sotto il cuscino di notte, può già essere molto utile, senza contare che i gioielli con pietre o gemme di smeraldo sono tutti molto belli ed eleganti. Più tempo si mantiene lo smeraldo nella propria aura, maggiori benefici può produrre all'interno di chi lo indossa.

È possibile combinare lo smeraldo con altre varietà di berillo, come l'acquamarina e la goshenite.

Inoltre:

- L'iddenite verde pallido ha una forte energia che ben si combina con lo smeraldo per aiutare la guarigione emotiva. A questo

scopo, altre pietre che possono essere abbinate sono apofillite verde, lo rodocrosite rosa, la rodonite e la lepidolite lilla;
- Tra le pietre che si possono utilizzare con lo smeraldo, vi sono le altre che vibrano con il chakra del cuore, come il dioptasio, l'avventurina verde, l'ametista verde, la variscite e la moldavite. Ancora, la kunzite rosa, il quarzo rosa e la morganite rosa dello stesso colore.

Malachite

La malachite deve il suo nome alla credenza dalla parola greca "Malache" che significa "malva" (un'erba verde). Le proprietà della malachite si pensa possano riuscire a raggiungere i sentimenti più interiori della persona e riflette quello che si è, negativo o positivo. La malachite, infatti, viene chiamata "pietra specchio dell'anima".

La malachite fin dai tempi antichi si crede possa essere un potente protettore dei bambini, e si ritiene possa proteggere chi la indossi dagli incidenti. Protegge i viaggiatori ed è di forte equilibrio nelle relazioni. Polvere di malachite era già usata già nel 3000 a.C. dagli antichi Egizi come cosmetico per il trucco degli occhi.

Si ritiene che guardare o indossare malachite possa rilassare il sistema nervoso e calmare turbamenti emotivi, portando un senso di pace e di armonia.

La malachite ci ricorda che abbiamo una duplice natura, ed è compito di ogni persona conoscere e governare la propria persona.

Da usare abbinata al rame per aumentarne il potere.

Tormalina verde

Stimola la gioia di vivere, enfatizzando tutti gli aspetti positivi della vita. Rende aperti e pazienti, sollecitando interesse nei confronti degli altri.
Promuove la creatività e il pensiero positivo.
Riporta equilibrio, donando grande energia e versatilità. Potenzia la capacità di pianificare e aiuta a realizzare i propri obiettivi.
Allevia il senso di stanchezza e favorisce la rigenerazione dei nervi lacerati dallo stress.

- Ha un benefico effetto sul cuore e agisce come disintossicante. Posta sul plesso cardiaco del quarto chakra, cura tutte le malattie di origine virale, anche le più gravi, regolando la funzionalità del timo e la pressione sanguigna (sia troppo alta che troppo bassa). Aumenta la consapevolezza, agendo direttamente sul chakra del cuore. Bilancia le emozioni e apre il nostro animo all'amore. Per questo è bene utilizzarla insieme al Quarzo rosa.

Rinforza il sistema nervoso centrale, quello immunitario e tutto il sistema respiratorio. Stimola la gioia di vivere, rende aperti agli altri e pazienti. Agirebbe sul sistema nervoso purificandolo, aumentandone la capacità di veicolare energia ed equilibrando i due emisferi cerebrali. Dona resistenza allo stress e alla stanchezza.

Unakite

La pietra unakite prende il nome dalla parola greca "epidosis" che significa "crescere insieme".
Questo nome è dovuto al fatto che la unakite è il risultato di tre minerali assieme: feldspato, epidoto e quarzo, ed è proprio attraverso questi materiali uniti insieme che la unakite ci trasmette il suo particolare messaggio. Si tratta di una pietra che bilancia i nostri corpi emozionali e spirituali, fornendoci un rilascio estremamente dolce dei nostri blocchi energetici ancorati nel plesso solare.
Ci aiuta a superare le credenze ormai superate del passato e facilita la comprensione degli eventi precedenti e della loro importanza nel nostro percorso di crescita. Mantiene elevato il nostro spirito quando ci si sente giù di morale o facilmente condizionabili, non facendoci mai perdere di vista la bellezza della vita.
E' utile per il sistema riproduttivo, per le gravidanze sane e per lo sviluppo sano e armonico dei bambini non ancora nati.
Utilizzata anche durante il recupero da traumi importanti, ci aiuta spronando il nostro corpo a ricordare lo stato di salute perfetta.
Portarla con sé ci aiuterà a mantenere un sano equilibrio tra la vita spirituale e quella mondana, permettendo loro la comunicabilità al fine di aiutarci a creare la vita di cui abbiamo bisogno.
Oltre ad aiutare a riportarci a terra, allontana, attraverso le meditazioni, il dolore e la rabbia che spesso sono sedimentate in noi e che facciamo fatica a lasciar andare.

- Ottimo l'abbinamento con la pietra di luna, la unakite aiuta a tenere ben saldo, attraverso il chakra del cuore, il collegamento tra i chakra inferiori e i chakra superiori. Inoltre può, nel tempo, costruire e radicare la fiducia in noi stessi, rafforzando il nostro coraggio interiore, aiutandoci a prendere il controllo di quegli aspetti della nostra vita che possono produrre potere.

Kunzite

Risveglia il cuore e l'amore incondizionato, generando pensieri benevoli e una serena comunicazione. Irradia pace e collega all'amore universale. La kunzite induce uno stato meditativo profondo ed è benefica per coloro che trovano difficile entrare in meditazione. Promuove la creatività, incoraggia l'umiltà e la volontà di servire gli altri. La kunzite è una pietra protrettrice, che agisce su individuo e ambiente e ha il potere di disperdere la negatività. Questa pietra scherma l'aura dalle energie indesiderate, creando un involucro protettivo intorno a essa e allontanando le entità che vi si sono impiantate, così come gli influssi mentali. La kunzite permette di contenersi, anche in mezzo alla folla, e rinforza il campo energetico intorno al corpo.
Incoraggia la libera espressione dell'Io e dei sentimenti. Agevola il cammino individuale, liberandolo dagli eventuali ostacoli e favorendo l'adattamento alle costanti pressioni della vita. Può essere d'aiuto nel recuperare i ricordi che sembravano rimossi e costituisce un'utile terapia per le persone cresciute troppo in fretta, consentendo loro di recuperare la fiducia e l'innocenza perdute. Induce alla tolleranza nei confronti di se stessi e degli altri, ed è consigliabile per ridurre lo stress provocato dall'ansia.
La kunzite facilita l'introspezione e la capacità di agire in modo critico e costruttivo. Ha il potere di combinare l'intelletto, intuito e ispirazione. Può essere utilizzata per far luce su frammenti emotivi

e liberare le emozioni, curando soprattutto l'angoscia, retaggio delle vite precedenti. Vince le resistenze e aiuta a raggiungere compromessi tra le proprie necessità e quelle altrui. La proprietà della kunzite di migliorare il tono dell'umore è un buon antidoto contro la depressione di origine emozionale ed è eccellente per alleviare gli attacchi di panico.

- Essa attiva il chakra del cuore e lo allinea con la gola e il terzo occhio. Questa pietra rafforza il sistema circolatorio e il muscolo cardiaco. E' utile per le affezioni di natura nervosa, come le nevralgie. Calma l'epilessia e allevia i dolori articolari. Neutralizza gli effetti della anestesia e stimola il sistema immunitario. La kunzite contiene litio, per questo motivo si rivelerà efficace per i disturbi psicihiatrici e per la depressione, specialmente se assunta sotto forma di elisir.

www.ingramcontent.com/pod-product-compliance
Lightning Source LLC
Chambersburg PA
CBHW071311060426
42444CB00034B/1774